Delphine Buisson

Le bonheur à petites foulées

FIRST ÉDITIONS

ISBN : 978-2-412-04110-9
Dépôt légal : novembre 2018

Imprimé en Slovénie

Édition : Mathilde Poncet
Création graphique : Lisa Magano
Correction : Améline Néreaud
Mise en page : Ma petite FaB – Laurent Grolleau

Éditions First, un département d'Édi8
12, avenue d'Italie
75013 Paris
Tel. : 01 44 16 09 00
Fax : 01 44 16 09 01
Courriel : firstinfo@efirst.com
Site Internet : www.editionsfirst.fr

À Emmanuelle, pour la belle rencontre.

À Sophie, pour les *petites foulées*.

À Agnès, Anne, Philippe, Théo, Gabriel, Chrystel, Émilie, Salma, Pierre, Valérie, Arnaud, Raphaëlle, Isabelle, Lilia, Marion, Alexandrine, mes élèves de la première saison du programme *Wellness & Success*.

À mes inspirateurs d'enfants.

À tous ceux qui s'inspirent, s'inscrivent, œuvrent et transmettent au rythme des 4 temps !

Sommaire

Introduction

« Toutes les courses commencent
par un premier pas et le premier pas,
c'est toujours de s'inscrire. »

Delphine Buisson

La vraie bonne question

Est-ce que ce livre est fait pour toi ?

Pour savoir si les propos de ce livre te sont destinés et ce qu'ils vont t'apporter, réponds à ces questions :

- ☐ J'ai l'impression de vivre la vie de quelqu'un d'autre.
- ☐ Je cours tout le temps.
- ☐ Je manque de temps, d'argent, d'amour… bref, je manque.
- ☐ J'ai l'impression d'être dans un rouleau compresseur.
- ☐ Je n'ai pas une minute à moi, pas assez de temps pour moi.
- ☐ Je fais tout pour les autres et ça n'est jamais suffisant.
- ☐ J'ai envie de faire plein de choses, mais je n'ai pas le temps.
- ☐ Je ne sais plus ce que je veux, ce n'est pas très clair dans ma tête.
- ☐ J'ai tout pour être heureux, pourtant ça n'est pas ce que je ressens.
- ☐ Je veux aider mes enfants, mais je suis souvent à côté de la plaque.
- ☐ J'ai du mal à prendre des décisions, je n'avance pas.
- ☐ Je ne sais plus où j'en suis, je n'arrive pas à choisir.
- ☐ Les enfants quittent le nid, tout change et je me sens vide.
- ☐ Je vis une rupture professionnelle ou personnelle.
- ☐ Tout va bien pour moi, pourtant j'ai envie de plus.
- ☐ Je cherche un nouveau souffle dans ma vie amoureuse.
- ☐ Ma vie amoureuse est au point mort !

- ☐ J'enchaîne les histoires d'amour, mais je ne construis rien.
- ☐ Le temps s'accélère, j'ai très envie d'en profiter au maximum.

Total de cases cochées : ____________

Ton résultat

1 case cochée	Prends ton temps et feuillette encore un peu le livre…
2 cases cochées	Jette un œil à l'épilogue.
À partir de 3 cases	N'hésite plus, il est fait pour toi ! Tu es prêt.

Tu hésites encore ?

Si tu penses que… tu n'as pas de chance, que tout est difficile pour toi, voire que tout le monde t'en veut, que tu as déjà tout essayé… il te reste deux choix : continuer ainsi, en sachant que ces pensées te mènent à la vie que tu es en train de vivre ou essayer autre chose : pourquoi ne pas pratiquer l'art de courir ta vie ?

Si tu sens une flamme, même minuscule, un désir, une envie, un appel, si tu as l'intuition que tu pourrais être beaucoup plus, faire beaucoup plus, avoir beaucoup plus – de joie, d'amour, d'argent, de satisfaction, de réussite –, tu vas trouver dans ce programme les ressources nécessaires pour aller vers une vie qui te ressemble, vers une réussite qui va te surprendre.

Mon ressenti face à ce livre

Je découvre
l'art de courir
ma vie

Ma promesse : changer ta vie sans tout changer dans ta vie !

Que les choses soient claires entre nous : ce livre et son programme n'ont pas pour intention de te transformer en un champion de la course à pied. Il existe des centaines d'ouvrages, de super méthodes et de super coachs pour progresser en running et préparer des courses diverses et variées. À toi de choisir ce qui t'inspire et ce qui correspond à tes objectifs.

Ce programme va changer ta vie pour toujours.

Ce livre d'autocoaching t'enseigne l'art de courir sa vie, de conduire ta vie, de réaliser tes objectifs, projets et de faire face aux imprévus. C'est un art de vivre qui conduit à la pleine expression de soi, à développer des relations harmonieuses avec les autres et soi-même. Tu y trouveras également un programme de transformation de 12 semaines, qui lie le corps et l'esprit grâce à de nombreux exercices et des propositions de sorties running (voir chapitre 2). Il s'adresse aux femmes, aux hommes, aux jeunes désireux de (re)trouver de l'élan, à tous ceux qui veulent progresser, évoluer dans leur vie professionnelle et personnelle, réussir leur vie sur tous les plans.

Pourquoi la course à pied ?

Je pratique la course à pied depuis 15 ans, ce qui ne fait pas de moi une experte du running, mais une pratiquante expérimentée. Grâce à toutes ces années de course, j'ai mis au point une méthode que j'utilise depuis une dizaine d'années et qui m'a permis d'évoluer d'une façon incroyable sur tous les plans de ma vie. C'est cette méthode que je t'expose tout au long de cet ouvrage.

Ta question légitime : *runner*/pas *runner*, puis-je acheter ce livre ?

Si tu détestes la course à pied (je ne t'en voudrai pas), choisis une autre discipline pour mettre ton corps en mouvement : la marche, la natation, le vélo conviennent parfaitement. Attention : il est impératif de pratiquer un exercice physique qui sollicite ton cœur et ton corps pendant le programme !

Si tu ne cours pas encore, mais que l'envie est là, vas-y, chausse les baskets ! Ce programme va t'aider à démarrer la course à pied (grâce aux propositions de sorties running, chapitre 2) et à changer radicalement ta vie. En mettant ton corps en mouvement, tu vas faire bouger ton attitude mentale, mettre de l'air dans ton esprit et challenger tes habitudes.

Si tu cours déjà, bravo, continue ! Ce programme va donner une nouvelle dimension à ta pratique du running et devenir un outil indispensable pour améliorer ton développement personnel, l'organisation de ton temps et ta qualité de vie globale, il va être l'allié de toutes tes réussites.

Sois le changement
que tu veux voir
dans ta vie

J'active mon énergie positive

Pourquoi écrire ce livre ?

« Je ne t'apprendrai rien, je te ferai te ressouvenir. »

Aristote

C'est très important de savoir pourquoi on fait quelque chose. Comprendre clairement son intention, sentir puissamment ce qui donne l'élan, c'est se préserver du sentiment douloureux d'absurdité que l'on ressent toujours à un moment donné de sa course : mais au fait, pourquoi suis-je en train de courir ? Pour quoi ? Pour qui ? Et d'ailleurs, est-ce vraiment MA course ou celle de quelqu'un d'autre ? Serais-je devenu à ce point étranger à moi-même que je ne me reconnais plus dans ce que je fais, dans ce que je vis ?

Pour éviter cet état brumeux où la course n'a plus vraiment de sens, où l'on marche « à côté de ses pompes », il est nécessaire, avant de démarrer chaque projet ou « course », d'être très clair sur le « pourquoi ». En écrivant ce livre, je me suis alors demandé : quelle est mon intention ? Quel est le sens de cet ouvrage ?

Je me rappelle parfaitement ce jour, peu après l'impression de mon premier livre. Alors que je dînais avec mon club de DRH, je vois une jeune femme attraper le livre. Au fur et à mesure qu'elle parcourt les pages, je lis ses émotions sur son visage. C'en est presque impudique. Je peux dire à la ligne près, où elle en est, quel passage précisément la touche, tellement son visage est pour moi un livre ouvert sur son âme.

Cet épisode me touche profondément ; c'est un cadeau inattendu, comme sur la scène de Bobino (conférence TedX, « Comment la course m'a donné une leçon de vie », voir page 217) où 600 personnes ont « couru » avec moi ce 30 juin 2015. J'ai vécu cette même intimité, une certaine connexion. J'ai alors ressenti une immense gratitude : quelle chance j'avais de pouvoir ainsi toucher mon prochain et à ma façon, d'apporter un peu de clarté, de souffle et de l'aider à progresser sur sa voie personnelle !

Mes conférences, mes classes ou mes publications ne sont pas suivies de bravos, mais plus souvent de : « *Merci Delphine, j'ai écouté votre conférence, je me suis inscrit, je l'ai dit et j'ai osé entreprendre mon rêve !* » Voilà précisément ce qui donne tout son sens à mes travaux d'auteur, de *speaker* ou de coach. J'aime bien dire que mon métier, c'est entraîner des hommes, des femmes, des jeunes à entreprendre et à réussir.

Chaque fois qu'une ouverture se crée, qu'un possible émerge, qu'un désir se révèle, qu'une réalisation se manifeste, je suis enchantée de contribuer à activer une énergie positive.

Et je dis bien « activer ». Activer seulement, car je ne crée rien chez l'autre : je n'ai pas ce pouvoir. Personne ne l'a, d'ailleurs. Toi seul a le pouvoir de créer ta course et de l'orienter. Tu es le créateur absolu de ton expérience de vie.

Choisis et oriente le changement

Je me laisse une chance

Avant de commencer…

« Vertus du petit temps pris au départ et qui t'en fait gagner beaucoup ensuite. »

Delphine Buisson

Ça t'est déjà arrivé ?

- De lire trop vite les consignes d'un devoir sur table et de faire un hors sujet ;
- D'être dans une impasse relationnelle avec un collègue de travail, un membre de ta famille, ton amoureux, parce que tu n'as pas pris le temps d'éclaircir un malentendu :
  - *Tu te souviens du jour où tu m'as dit ça…* ? (impact émotionnel vécu, non partagé, donc inconnu pour l'autre) ;
  - *J'ai cru que…* (j'ai pensé à ta place, j'ai interprété.) *Alors, j'ai fait…* (j'ai calé mon action par rapport à ce que j'ai supposé de toi) ;
- De démarrer un projet collectif sans prendre le temps d'en établir clairement les intentions et les objectifs… et de constater en cours de route que les objectifs de chacun divergent ;
- De démarrer quelque chose sans savoir pourquoi et d'arriver parfois à une excellente surprise, parfois à un sentiment d'absurdité absolu !

Se mettre d'accord en amont, ça n'est pas signer un contrat d'assurance pour se justifier ensuite en cas d'échec et conclure par un stérile : « Je te l'avais bien dit, j'avais raison ! » C'est se donner une vraie chance de faire aboutir une relation, une action, un projet. Bien entendu, il convient de faire régulièrement un point pour vérifier que l'on est toujours en phase.

Je m'engage

Mes engagements et nos règles du jeu

« Le temps d'apprendre à vivre, il est déjà trop tard. »

Aragon

Règle n° 1 : je ne te jugerai pas. Ce que tu fais, ce que tu penses, ce que tu décides t'appartient. Il n'existe pas une voie unique vers le bonheur, mais autant de chemins que d'individus sur la planète !

Règle n° 2 : je ne te plaindrai pas. Pourquoi le ferais-je ? Sans te connaître, je sais déjà que tu es une personne incroyable et que tu as à peine activé l'immensité de tes potentiels. De surcroît, te plaindre ne te rendrait pas service !

Règle n° 3 : nous ne sommes pas obligés d'**être d'accord sur tout !** Si mes propositions te parlent, si mes idées résonnent en toi – j'ai bien dit RÉSONNENT et non pas RAISONNENT –, tant mieux. Prends ce qui te convient. Je ne sais pas mieux ni plus que toi : je vais simplement t'aider à faire ressortir ce que tu sais au fond de toi. Autrement dit, nous allons travailler ensemble à réactiver tes pouvoirs oubliés.

Règle n° 4 : va à ton rythme, mais cherche le bonheur sans attendre. Imagine que j'ai une baguette magique et que je puisse exaucer tous tes vœux. Tu me dirais ce que tu désires et là, tout de suite, sans attendre, sans effort, sans désirs, tu obtiendrais tout ce que tu veux. Penses-tu que tu serais plus heureux ?

La joie est autant dans la manifestation de ton œuvre que dans l'acte de création. Lorsque des entrepreneurs à succès sont interviewés, ils parlent toujours avec émotion et presque regret des débuts de leur aventure, quand l'enthousiasme était à son apogée. Le délicieux moment d'incertitude et d'envie mêlées. Te voici à nouveau au début de l'aventure.

Règle n° 5 : même si j'adore la langue française, je vais utiliser quelques mots d'anglais ; ne m'en tiens pas rigueur, ils viennent spontanément quelquefois, mais tu les comprendras toujours. Je vais aussi te tutoyer, mais ça, tu l'as déjà remarqué ! C'est un phénomène que je ne m'explique pas. Et si nous nous croisons un jour dans une conférence, une masterclass ou lors d'une séance de dédicaces, je vais probablement te vouvoyer parce que c'est ainsi que ma mère m'a éduquée. N'en prends pas ombrage et n'y vois aucune distance. La distance entre nous est aussi épaisse qu'une feuille de papier à cigarettes. Tu es mon frère, tu es ma sœur. N'en doute pas.

Règle n° 6 : **tu dois écrire, noter, annoter, dessiner...** Dans ce livre, tu vas trouver des espaces dédiés à l'écriture de tes pensées, tes idées, tes émotions.

Ce livre est le tien.

Il y a de la place pour toi à l'intérieur.

Entre et sois le bienvenu chez toi !

CHAPITRE 1

4 lois fondamentales

« Votre plus grande richesse, c'est vous. Sachez donc lui consacrer le temps, l'effort, l'argent qui conviennent pour la perfectionner, la peaufiner, l'encourager. »

La vente, Tom Hopkins

Je pars
de la fin, j'élabore
un rétroplanning

Loi n° 1 : The end

« Ta deuxième vie commence le jour quand tu comprends que tu n'en as qu'une. »

Raphaëlle Giordano

Pour le *runner*, il y a les *finishers* et les autres. Pour le *runner*, l'idée que l'essentiel serait de participer est conceptuelle, ça ne lui viendrait pas à l'idée de prendre le départ d'une course et de ne pas aller au bout. Quand il prend le départ, c'est d'abord pour franchir la ligne d'arrivée, ensuite pour réaliser son objectif. C'est donc très naturellement que je te propose de partir de la fin et de construire un rétroplanning.

Imagine : tu viens de mourir. Tu arrives devant Saint Pierre à la porte du paradis – car bien évidemment, tu vas au paradis ! – et le voilà qui te pose des questions : « Qu'as-tu fait de ta vie ? Qu'as-tu accompli ? » Et toi qui réponds : « Rien de spécial, mais j'ai bien participé ! »

There is no « happy end »

Michaël Aguilar, conférencier émérite pour un cabinet de conseil et de formation spécialisé dans l'efficacité commerciale, *Vendeurs d'élite*, me consacre cet après-midi-là un peu de son temps précieux pour travailler ma conférence. Grâce à lui, je découvre le fameux *speaker* noir américain Lees Brown et sa non moins célèbre expression *Live full, die empty*, c'est-à-dire « Vis pleinement et pars sans regret » ou plus exactement, « Pars en ayant accompli tout ce que tu avais à accomplir dans cette vie ». Touchée par cette expression puissante, je me mets à creuser le sujet en écoutant les discours tonitruants de Lees. Un peu trop bruyant à mon goût, je lui reconnais pourtant un charisme incroyable, un sens de la formule évident. Jusqu'à cette phrase qui me fait hurler de rire : *Guess what ? At the end, there is no happy end* – « Devinez quoi, à la fin, il n'y aura pas de bonne surprise, nous allons tous finir par mourir ! »

S'il te plaît, arrête de vivre comme si tu étais éternel ! Il ne s'agit pas de se lever tous les jours en pensant à sa fin, mais en pensant à ce que tu as envie de faire du reste de ta vie.

5 regrets des gens en fin de vie

Non seulement tu connais déjà l'issue de ton existence, mais de surcroît, tu peux avoir une idée de ce que tu vas penser et ressentir quand tu seras sur le point de partir.

Une infirmière américaine, Bronnie Ware, a écrit un ouvrage intitulé *Les 5 regrets des personnes en fin de vie* (Éditions Guy Trédaniel, 2013) dans lequel elle raconte les histoires des gens qu'elle accompagne jusqu'à la mort. Des années d'expérience l'ont menée à cette conclusion : quels que soient son milieu d'origine, son style de vie, son métier, sa réussite financière, sa célébrité ou son environnement familial, chacun ressent un ou plusieurs de ces 5 regrets :

1. J'aurais dû vivre ma propre vie.
2. J'aurais dû chercher à être plus heureux (avec la conviction que je suis seul auteur de mon bonheur).
3. J'aurais dû travailler moins dur.
4. J'aurais dû voir plus souvent mes amis.
5. J'aurais dû exprimer plus souvent mes sentiments.

Voici quelques pistes d'amélioration immédiate : veiller à vivre ta vie (pas celle de quelqu'un d'autre, pas celle qu'on a décidée pour toi), travailler moins dur, chercher à être heureux, dire plus souvent ce que tu ressens et voir tes amis fréquemment. Ça te tente ? Moi, j'adore ce programme !

Et si on commençait par la fin ?

Qu'est-ce qui, à la fin de ma vie, me fera ressentir que je l'ai réussie ?

Prenons un peu de hauteur : la vie est une course d'environ 800 000 heures. Nos parents nous déposent sur la ligne de départ sans notre consentement préalable et omettent souvent de nous livrer le mode d'emploi pour vivre heureux. Pourtant, dans le fond, c'est tout ce qu'ils nous souhaitent : que l'on soit épanoui, que l'on se réalise pleinement, que l'on réussisse et que l'on soit heureux.

Réussir sa vie, qu'est-ce que ça veut dire pour toi ?

Réussir sa vie, c'est courir une vie qui nous ressemble, qui nous rassemble. C'est aider les autres à réussir leur propre course.

« ***Rire souvent et sans restriction ; s'attirer le respect des personnes intelligentes et l'affection des enfants ; tirer profit des critiques de bonne foi et supporter les trahisons des amis supposés ; apprécier la beauté : voir chez les autres ce qu'ils ont de meilleur ; laisser derrière soi quelque chose de bon, un enfant en bonne santé, un coin de jardin, une société en progrès ; savoir qu'un être au monde, au moins, respire mieux parce que vous êtes passés en ce monde, voilà ce que j'appelle réussir sa vie.*** »

Ralph Waldo Emerson

Réussir ma vie : qu'est-ce que ça veut dire pour moi aujourd'hui ?

Réponds à cette question en toute sincérité, tu peux y aller, c'est ton livre ! Note-y tout ce qu'il te passe par la tête. Puis, restreint ta liste pour réaliser ton rétroplanning de l'année.

Comment réaliser mon rétroplanning ?

Mon année est MA création. Je choisis de la construire en pensée puis en action.

Grâce à mon calendrier, je veille à ne pas oublier l'une de mes courses ou une personne importante pour moi. Je veille aussi à me lancer des défis, à me réserver du temps d'apprentissage et d'expérimentation. Bien sûr, je ne réussirai pas tout ni à tout faire : ça n'est pas grave, ma liste d'attente est remplie, ma vie est vivante !

Tes inscriptions, tes défis : quand tu t'inscris à une course, on t'attribue un dossard ou un maillot qui indique ton prénom, ton objectif de temps, la course à laquelle tu participes… Et toi ? Quel(s) dossard(s) vas-tu porter cette année ? Dans quel sas vas-tu prendre le départ ?

Reprends ta liste et détermine les projets, les objectifs, les ambitions, les courses, que tu souhaites accomplir cette année.

Dossard # 1

....

....

....

Dossard # 2

....

....

....

Dossard # 3

....

....

....

Puis, sur ton calendrier, mois par mois, inscris les étapes-clés qui te permettront d'atteindre ton(tes) objectif(s).

Je

commence

par moi

Loi n° 2 : Moi

« Dans la vie, tu as toujours le choix entre deux attitudes : espérer que l'autre change ou changer ton comportement. Seule la seconde attitude t'appartient. »

Oser courir sa vie, Delphine Buisson

« Tu es où sur les photos ? Je ne te vois pas. Ah d'accord, c'est toi qui es derrière l'objectif… »

Prends un peu de recul et observe bien ta vie. Plus facile : observe bien ton agenda. Y vois-tu *ton* emploi du temps ou celui de tes enfants, de ton conjoint, de ton patron, de tes clients, de tes collègues de travail, de tes équipes ? Quelle place t'accordes-tu vraiment ? Peut-être est-il temps de te remettre au centre du scénario de ta vie : le héros, c'est toi ! Ta vie est ton aventure personnelle. Tu en tiens le script entre tes mains et chaque jour, tu l'écris.

Ma vie a vraiment changé le jour où j'ai accepté d'en prendre officiellement la direction. Il a fallu que je me retrouve seule aux commandes de ma vie et de ma famille pour me poser la vraie bonne question : *Qu'est-ce j'ai envie de faire, maintenant ?* Non pas « qu'est-ce que je VAIS faire », mais « qu'est-ce que j'ai ENVIE de faire »… C'est très différent !

Là où on me prédisait un avenir petit et difficile, à bientôt 40 ans, avec deux adolescentes, un bébé et sans travail, j'ai eu envie de réussir. Honnêtement, vu de l'extérieur comme de l'intérieur, c'était pas gagné. Je n'avais aucune idée de la manière dont j'allais « gagner ma vie » et construire une vie différente. Alors je ne me suis pas attardée sur la question du COMMENT ; en revanche, j'ai commencé à rêver ma vie.

De quelle vie avais-je envie pour moi, pour mes enfants ? J'ai réfléchi longtemps à cette question. Je me suis mise à rêver de voyages avec mes enfants, de maison, de succès, comme si nous avions plein d'argent et plein de temps pour en profiter... Nous avions déjà plein d'amour et avons construit dessus.

J'ai eu une furieuse envie de ne pas attendre pour être heureuse. Inconsciemment, je sentais que la joie faisait partie du programme pour réussir. C'était fondamental d'être heureux sans attendre, d'apprécier ce qu'on avait déjà et de rêver à ce qu'on voulait encore. Et puis je pensais que si mes enfants me voyaient construire une vie géniale, alors ils sauraient comment faire pour obtenir la même chose. J'ai eu envie de leur construire un mode d'emploi pour réussir leur vie ! La réussite, quelles que soient les valeurs ou les réalités qu'on place derrière, devrait être inscrite dans les programmes d'éducation...

À cette époque de ma vie, j'aurais adoré trouver une méthode qui m'explique comment faire ! J'ai écouté des histoires, rencontré beaucoup de gens, observé ceux dont la vie m'inspirait. J'ai expérimenté, entrepris, échoué, réussi et appris. Aujourd'hui, je n'aspire pas à « être arrivée » ; non, j'aspire à apprendre encore, à évoluer à mon rythme et joyeusement. J'ai appris que l'évolution n'est pas une souffrance. L'évolution, c'est le voyage.

Toi aussi, tu peux commencer par observer des modes de vie qui te parlent, des gens qui t'inspirent et tu trouveras des personnes qui seront ravies de te raconter leur histoire. Derrière chaque succès, il y a un chemin, un parcours, une trajectoire ; un homme ou une femme qui a accepté de devenir lui-même ou elle-même. Je suis le créateur de mon expérience de vie. Au début, c'est vertigineux, ça fait peur...

Et les relations dans tout ça ? N'est-ce pas un peu égoïste de penser autant à moi ?

Une des questions qui revient le plus souvent à la fin de ma masterclass *Wellness & Success* concerne la relation. Les participants culpabilisent de s'occuper autant d'eux, alors que bien souvent, ils souhaitent aider leur enfant, vivre mieux leur relation de couple, être épanouis dans leurs relations professionnelles.

Ce pas de côté, ce temps pour soi est pourtant la seule action capable d'améliorer sensiblement toutes nos relations. C'est parce que je suis claire avec moi-même que je peux l'être avec l'autre. C'est quand je suis bien dans mes baskets que je suis un aimable compagnon. C'est quand je réussis que je peux aider l'autre à réussir également. N'es-tu jamais étonné d'entendre quelqu'un te prodiguer des conseils sur la vie de couple, la vie de parent… alors que sa propre vie parentale ou sentimentale n'a rien de remarquable ? Il t'appartient d'écouter les paroles de ceux qui t'inspirent et d'ignorer les discours de ceux qui te rappellent un prétendu devoir ou qui passent du temps (en consommant le tien !) à justifier leur absence de réussite ou de bonheur !

Qu'il est agréable et facile de vivre avec quelqu'un qu'on n'a pas besoin de rassurer sans cesse sur nos sentiments ou les siens, quelqu'un qui ne dépend pas de nous pour vivre heureux, pour vivre tout court !

La priorité n° 1, c'est moi

Je suis mon chantier n° 1, je pratique un égoïsme salutaire.

1. Personne ne peut courir ma course : je suis le seul et l'absolu créateur de mon expérience de vie.
2. Personne ne peut savoir mieux que moi ce qui me convient, ce qui me rend heureux. Plus je cours, plus j'apprends, notamment sur moi. Seule l'expérience enseigne. Les mots viennent ensuite.
3. Quand je suis bien dans mes baskets, je suis un bien meilleur compagnon de course, un meilleur partenaire dans mes vies professionnelle et personnelle et je réussis mieux.

Pour aller plus loin

À visionner : www.courirsavie.fr/video-3bonnesraisons

Je décide
et je pratique
maintenant

Loi n° 3 : Now

« Dans la vie, il y a deux choses qu'on ne peut pas changer : le passé et les autres. »

Philippe Gabilliet

Dans une journée de 24 heures, combien de temps passes-tu à penser au passé ? T'arrive-t-il de ressasser, de ruminer, de refaire le film en boucle ? Et surtout, est-ce que cela t'a déjà servi à quelque chose, aidé ?

En avant !

Imagine un coureur qui ferait la course en marche arrière, ce serait curieux, n'est-ce pas ? Pourtant, n'est-ce pas là ce que nous pratiquons régulièrement ? Accroché au passé, que l'on éprouve de la nostalgie ou de la rancœur, l'effet est le même : on n'avance plus !

Une fois que l'on a compris ça, on commence à gagner du temps : on arrête de s'épuiser à refaire l'histoire, à imaginer à quel moment ça a dérapé, ce que l'on aurait pu/dû faire... On se détend : ce qui est fait est fait. Ne perdons pas de temps à essayer de rejouer ce qui est passé.

En revanche, le vécu et l'expérience sont des enseignements. Tirer les leçons des kilomètres parcourus, ça oui ! Quelle bonne idée !

Considère chaque jour comme une journée d'école. Ton présent est le résultat de tes décisions (ou d'absence de décisions) passées. Ton futur dépend des décisions que tu prends aujourd'hui, ici, maintenant et la première d'entre elles, c'est de vouloir donner une nouvelle orientation à ta vie. Si tu lis ce livre, c'est que ta décision est prise. Magnifique ! Continue. Quelles sont les décisions que tu vas prendre dans les jours à venir et qui vont changer le cours de ta vie ?

« Choisir, c'est renoncer », disait Sartre, ce qui rend le choix fort peu sympathique ! Or choisir, c'est aussi donner une orientation à son parcours. Choisir, c'est se donner une vraie chance de réussir.

J'aime bien dire que pour réussir, il faut choisir trois fois :

- **Choisir de réussir** – autrement dit, mettre la réussite au cœur de son programme personnel et de sa feuille de route ;
- **Choisir pour réussir** – si tu n'engages rien vraiment dans ta vie professionnelle ou amoureuse, comment pourrais-tu réussir ?
- **Choisir son modèle de réussite** – te voici revenu à la loi n° 1 : que veut dire réussir pour toi ?

Oriente ta vie par tes choix, assume cette orientation et arrête de vivre une vie conditionnée par ton passé, ta famille, le prof qui ne t'a pas aidé, l'époque, la société, les autres…

Ton passé, c'est ton matériau de construction. Les données cumulées sont ton *big data* personnel, très utile pour orienter le reste de ta vie. Ton présent est ta zone de pouvoir : tu as le pouvoir d'orienter tes pensées, de porter un regard appréciatif sur ton présent, de cultiver précieusement ton bien-être et de prendre des décisions, des rendez-vous, de t'inscrire dans une course. Quand les rendez-vous sont pris, on a l'esprit libre, serein et on donne du rythme à son futur.

« Avant que l'on soit totalement
engagé, l'hésitation nous tenaille,
il reste une chance de se soustraire
à l'initiative. Toujours la même
impuissance devant la création.

Il existe une vérité première dont l'ignorance
a déjà détruit d'innombrables idées et
de superbes projets : au moment
où l'on s'engage totalement, la Providence
éclaire notre chemin. Une quantité d'éléments
sur lesquels l'on ne pourrait jamais compter
par ailleurs contribue à aider l'individu.
La décision engendre un torrent d'événements
et l'individu peut alors bénéficier d'un nombre de
faits imprévisibles, de rencontres
et du soutien matériel que nul
n'oserait jamais espérer.

Quelle que soit la chose que vous pouvez faire ou
que vous rêvez de faire, faites-la.
L'audace a du génie, de la puissance et de la magie.

Commencez dès maintenant. »

Goethe

Mes leçons du passé

Mes décisions pour changer le cours de ma vie

J'avance à petites foulées !

Loi n° 4 : En avant

« Rien ne se perd, rien ne se crée, tout se transforme. »

Lavoisier

Francis, un ami ultra-traileur, m'expliquait un jour comment il parvenait à courir plus de 200 km : en fragmentant la grande distance en une succession d'étapes plus petites – 2 km, puis 2 km, puis 2 km, les uns après les autres. C'est exactement ce que nous allons faire.

Tu l'as bien compris, tout dans le monde est processus.

La graine semée ne se transforme pas du jour au lendemain en une plante, encore moins en un jardin prospère et abondant ! La graine n'en est pas moins féconde et sans elle, point de récolte. Par ailleurs, la graine a besoin de rencontrer une terre, un terreau. Ton rêve, tes envies ont besoin de s'ancrer dans le réel, le temps et l'espace. Et d'ailleurs, où ranges-tu tes graines de rêves ?

Imagine que je sois une fée et que je te dise : voilà, tu as le droit de désirer tout ce que tu veux. J'accomplirai tout, absolument tout ce que tu me demanderas. Au début, tu penserais avoir décroché le jackpot : enfin, tu aurais accès à tout ce que tu désires, l'amour, l'argent, la santé… Et puis très vite, tu te demanderais comment faire pour gérer tant de réussite. Que désirer encore après avoir tout obtenu, tout de suite ? Un peu comme un enfant « pourri gâté » à qui on ne laisse pas le temps de désirer, d'imaginer ce dont il a envie. Priver quelqu'un de désir, c'est tuer la vie en lui.

L'évolution personnelle est un processus qui commence par une inspiration, qui se transforme en aspiration, en audace, puis en action. C'est bien parce que je réalise ma course, que j'expérimente, que je m'éprouve et donc, que j'apprends. Vient alors le temps de la transformation, le quatrième temps de la course qui me prépare à choisir la suite, de mieux en mieux.

L'idée est de créer une trajectoire, un chemin, étape après étape : de là où tu es aujourd'hui, vers où tu veux aller demain ? Il faut donc un peu de patience bien sûr, mais surtout de l'orientation.

Quelle est mon intention ? Qu'est-ce que je désire ?

Je deviens
l'auteur
de ma chance

Bonus

« La chance ne favorise que les esprits préparés. »

Louis Pasteur

J'ai de la chance

Dans la vie, on n'a rien sans rien. D'ailleurs, regardez-moi : il n'y a quand même rien qui m'arrive tout seul non ?

Combien de fois ai-je répété cette phrase à mes deux filles pendant les 20 premières années de leurs vies ? Impossible à dire. Fidèle à l'héritage familial, on me l'a aussi répétée longtemps : pour réussir, il faut faire beaucoup d'efforts et même parfois, souffrir un peu. Sans cela d'ailleurs, la réussite serait-elle vraiment légitime ? Avant quand on me disait que j'avais de la chance, je répondais : « Oui enfin, je travaille surtout beaucoup ! » J'étais presque vexée ! J'éprouvais un sentiment d'injustice, comme si on me déniait une partie de mon travail et donc, une partie de ma valeur. Je corrélais ma valeur à un montant d'efforts, de transpiration et de souffrance.

Je voulais être l'auteur de ma chance. Je n'y ai jamais pensé comme à une force extérieure qui me serait donnée – ou pas – par je ne sais qui de plus puissant que moi. Je savais intuitivement que ma chance dépendait de moi. Simplement, je m'y prenais à l'envers pour la « convoquer ». Je voulais la faire entrer au chausse-pied dans ma vie. Alors, j'ai agrandi ma vie et j'y ai invité beaucoup plus de chance.

À présent, quand on me dit que j'ai de la chance, je réponds : « Vous n'imaginez pas à quel point ! » Ça change tout. Depuis que j'ai arrêté de dire que tout est difficile et que rien ne vient sans effort ou pire, sans contrepartie, tout me vient beaucoup plus facilement.

Je suis toujours l'artisan de ma chance, mais pour l'aider, j'ai inversé l'ordre de mes actions : avant d'agir, je consacre davantage de temps à ces deux questions fondamentales : de quoi ai-je envie ? et pourquoi en ai-je envie ? Quand l'intention est posée clairement et avec sincérité, la commande est passée, la chance répond à cette intention, à ce vœu. Et quand elle se présente, je suis prête à la saisir ou plutôt, à l'accueillir.

Tes pires ennemis

Les 3 « I » : Idéologie/Inertie/Ignorance

Idéologie : il s'agit d'une pensée unique, construite par quelqu'un d'autre ou par moi-même et qui donne à croire qu'il n'existe qu'une seule voie possible, un chemin idéal et reproductible, un peu comme la ligne bleue tracée au sol sur le parcours du marathon. Cette ligne peut être un guide tant qu'elle ne devient pas pensée unique. Suivre un chemin idéal et tracé par quelqu'un d'autre, c'est d'abord confortable, ça peut rassurer un temps, mais c'est à chaque coureur de tracer sa propre ligne. Le coureur EST sa propre trajectoire.

Inertie : c'est le moment où l'on arrête de rêver, de vibrer, où l'on cesse de s'inscrire et d'essayer, où l'on cesse d'y croire, d'aimer…

Ignorance : elle est liée au manque d'expérience et de course ; connais-toi toi-même et pour cela, cours, vis et deviens qui tu es.

SS – Sédentarité/Solitude

Sédentarité : tu le sais, quand tu arrêtes l'entraînement trop longtemps, la reprise est difficile. Quand tu cesses d'être en mouvement, tes articulations se rouillent, ton souffle devient court, tes muscles faiblissent ; tu deviens l'ombre de toi-même et non pas l'être à l'incroyable potentiel que tu es appelé à devenir ! La sédentarité concerne autant ton corps que ta pensée ou ton cœur.

Solitude : « Moi tout seul ! », dit le petit homme qui cherche l'autonomie. Autonomie oui, solitude non ! Pourquoi s'infliger de réussir tout seul ?

Tes 3 amis

Vertus de la pratique et de l'entraînement

> ***« Ce que nous devons apprendre à faire, nous l'apprenons en le faisant. »***
>
> Sénèque

J'ai longtemps cru que vivre, comme courir, c'était « naturel », tout comme aimer, mettre un enfant au monde, allaiter, faire l'amour, jouir, être une femme, un homme, un parent ou un enfant. Comme se sentir bien et même, aller de mieux en mieux : l'optimisme, le bien-être se pratiquent.

Les notions de pratique et d'apprentissage sont évidentes lorsque nous parlons de nos compétences et de nos savoir-faire ; mais cette règle s'applique aussi à nos habitudes de pensées : ainsi, les neurosciences nous enseignent qu'entraîner la pensée est bien un acte volontaire et que c'est la fréquence de pensées positives par exemple, qui va transformer notre système de pensée en général. Il est donc possible de travailler son attitude mentale en entraînant fréquemment notre pensée : préférer voir le bon côté de la situation, la solution plus que le problème, les qualités d'une personne plus que ses imperfections, etc.

Vertus de la curiosité et des intérêts multiples

La vraie fausse bonne idée : la curiosité est un vilain défaut.

La vraie bonne idée : reste curieux toute ta vie comme un enfant ; l'émerveillement est ton sérum de jouvence.

J'ai longtemps culpabilisé de ne me sentir ni heureuse ni comblée alors que l'on me disait que j'avais tout pour l'être, aussi ai-je fini par me laisser convaincre. J'ai donc longtemps pensé que je devais me contenter de ce que j'avais, ne pas en demander trop, ne pas vouloir plus ou mieux. Ne pas réclamer. Vivre une seule vie. Choisir une seule voie. Ne dit-on pas d'ailleurs : qui trop embrasse mal étreint ? Je ne comprenais pas mon sentiment d'insatisfaction et je culpabilisais. Sans doute une réminiscence d'une ritournelle maternelle : « Delphine, tu ne finis jamais rien ! »

De fait, je ne finissais pas mon assiette. Je ne rangeais pas mes jouets, car ranger, c'était arrêter l'histoire que je venais de me raconter. Je démarrais mille poésies sur des bouts de papier et de nombreux bricolages sans forcément les terminer. Franchir autant de *finish lines* dans ma trajectoire de *runneuse* n'est sans doute pas étranger à ce vécu enfantin ! J'ai fini par comprendre : ça n'est pas tant que je ne finis jamais rien, c'est juste que par goût, je commence plus de choses que la plupart des gens et que j'aime mener plusieurs chantiers en parallèle. Et c'est ainsi que je me sens bien. Ma curiosité est devenue un atout considérable dans ma vie professionnelle autant que personnelle.

Vertus de l'engagement

C'est en courant qu'on apprend à courir, puis à choisir de mieux en mieux les courses de sa vie, sa façon de courir, ses compagnons de course.

J'ai longtemps conjugué à la troisième personne : « ils », « eux », « on », en m'oubliant dans la grammaire. Je pensais que parler à la première personne, c'était égocentrique. Depuis que je pratique le « je », ma vie est plus claire, mon engagement est plus fort, ma satisfaction et ma réussite sont directement proportionnelles à cet engagement personnel.

Quand tu expérimentes et que tu vis, tu apprends. Quand tu lis ou écoutes, tu comprends. L'expérience enseigne. Les mots viennent ensuite éclairer l'expérience vécue, évidemment contrastée. Les enseignements surviennent ainsi, moins sur ce que tu as fait ou vécu que sur ce que cela t'a enseigné : sur toi, les autres et le monde. Quand tu apprends et que tu comprends, tu détiens alors le mode d'emploi pour choisir et construire délibérément le reste de ta vie.

Pour aller plus loin

À découvrir : www.courirsavie.fr/video-TedXEmilieWapnick

Pratique, curiosité et engagement.
C'est en courant qu'on apprend à courir.
Pas en restant sur le bord.

De la fidélité à soi à la fidélité à l'autre

S'engager au-delà de la rencontre
Dans la durée, dans le rêve partagé et amplifié.

S'engager avec nos différences
Vers un avenir à deux

Pour agrandir ensemble une part d'éternité
Plus ensoleillée.

S'engager pour créer des matins insolents
Déjà riants du jour à venir
Pour oser aussi
Des soirs resplendissants.

S'engager aujourd'hui pour celui que je suis
Envers celle que tu es
Pour construire au quotidien
Un futur à inventer.

Ne pas s'engager pour un que je serai
Et que je ne connais pas
Envers une que tu deviendras
Et que j'ignore encore.

S'engager non pour le pire et le meilleur
Ou pour l'incertitude aveugle
Mais pour l'imprévisible
Et l'étonnement** d'**être.

S'engager bien sûr
Avec le meilleur de moi ébloui
Vers le meilleur de toi étonné.

S'engager vers des découvertes nacrées
Pour l'abandon, la confiance, le plaisir offert et reçu.

S'engager pour l'entraide et le soutien
Pour la ferveur** d'**être deux
À construire un avenir.

Le courage d'*être soi*, Jacques Salomé

CHAPITRE 2

Le programme

12 semaines pour transformer la course de ta vie

(sans tout changer dans ta vie !)

« L'importance de se transformer soi-même pour mieux se mettre au service d'autrui et contribuer à un monde meilleur. »

Transmettre, Matthieu Ricard

Je deviens moi-même

et vis la vie

qui me ressemble

12 semaines pour rafraîchir la page de ta vie

« Toutes les lignes de départ conduisent au progrès. Peu importe d'où tu pars, élance-toi ! Récupérer oui, te sédentariser, non ! Bouge, n'arrête pas de vivre, d'œuvrer, de créer ou d'aimer au prétexte que c'est difficile, que ça fait mal parfois ou que tu as déjà essayé ! Continue de courir, de te manifester, d'être un réalisateur. »

Delphine Buisson

Voici l'idée principale de ce programme : se mettre à jour, vider sa corbeille, *updater* ses programmes, pas à pas, sans tout casser, sans forcément aller élever des chèvres dans un coin perdu de la France ou à l'autre bout du monde (mais si c'est ton projet, vas-y bien sûr !).

On a facilement tendance à accumuler, à remplir notre emploi du temps pour « profiter » de notre temps. Ne parle-t-on pas d'ailleurs d'une vie pleine, bien remplie ? Pourtant quel que soient ses objectifs, ses rêves ou ses projets, il est toujours intéressant de régulièrement faire un peu de ménage dans son emploi du temps, de créer de l'espace pour accueillir de nouveaux projets, de faire évoluer ses pratiques, ses habitudes, ses outils pour atteindre les résultats rêvés.

Allons-y à petites foulées, tu décideras ensuite d'accélérer ou pas, bref, tu choisiras ton rythme.

Alors, avant de changer de parents, de conjoint, d'enfants, d'appartement et de boulot, que peux-tu changer dans tes habitudes de vie, tes pensées et tes attitudes ? Comment remettre du mouvement dans ta vie pour reprendre la course après une crise ou une rupture, ou tout simplement, comment poursuivre et amplifier ton évolution personnelle pour gagner en bien-être et en réussite ?

Pratiquer l'art de courir sa vie, c'est devenir soi-même et vivre enfin la vie qui nous ressemble. Deviens le créateur absolu de ton expérience de vie et prépare-toi :

- à éprouver immédiatement plus de bien-être et de joie ;
- à récupérer force et vitalité ;
- à améliorer toutes tes relations ;
- à devenir plus attractif dans ta vie personnelle et professionnelle ;
- à réussir sur tous les plans.

Pourquoi un programme ?

Ce programme a un début et une fin. Tu vas pouvoir constater un avant et un après. Dès que tu es prêt, écris la date de démarrage sur ton calendrier ou agenda et garde le rythme. **Pendant 12 semaines, ce programme t'accompagnera pas à pas grâce à des séries d'exercices que tu pourras intégrer facilement dans ton emploi du temps actuel**. Quel que soit le point où tu en es, il te permettra de te poser les vraies bonnes questions, et tu le sais déjà, un problème bien énoncé est à moitié résolu ! Et si tu es *runner*, tu pourras utiliser tes sorties running, proposées à la fin de chaque cycle, pour amplifier les effets des exercices.

Partons de ta vie d'aujourd'hui et voyons comment mettre en place simplement, pas à pas, ce programme de transformation.

Une fois le socle construit, tu pourras le prolonger en mettant en place des nouveaux outils de gestion du temps et de projet ; tu choisiras aussi le rythme qui te va bien : continuer à avancer à petites foulées ou chausser les bottes de sept lieux !

Dans tous les cas, je suis ravie de t'accompagner maintenant dans ta course.

Mes habitudes de vie, mes pensées et attitudes à changer pour accueillir mon(mes) projet(s)

Réinvente ton corps
et renoue
avec tes sensations

Invite ton corps dans ta vie

« La caractéristique de l'homme est qu'il est un être vivant qui apprend grâce à ses sens et à son intelligence : il est corps et esprit. Toute sa vie est ainsi marquée. Lorsqu'un homme court, nous ne verrons pas une simple activité du corps, mais la manifestation d'un être unique et global. »

Le bonheur de courir, Jean-Paul Pès

As-tu déjà éprouvé le bonheur d'ôter tes vêtements au printemps et d'avoir l'impression de retrouver un vieil ami oublié ? Quand au mois de mai, tu exposes pour la première fois de l'année tes bras nus à l'air et le soleil, te sens-tu plus vivant ?

As-tu déjà éprouvé la sensation du muscle en action et de l'étirement, le sentiment de profonde confiance en toi à l'idée de pouvoir compter sur ton corps comme sur un allié fiable ?

As-tu déjà éprouvé, surpris, l'impact d'une caresse, d'un effleurement ? Difficile d'échapper à l'émotion provoquée par une main. On peut se tromper sur un regard, interpréter une parole ou la musique d'une voix, ne pas « sentir » quelqu'un à la première rencontre et revenir sur cette satanée première impression, se méprendre sur une attitude, mais sur un toucher, jamais. C'est peut-être ce qui te fait peur : si tu te laisses toucher, tu as peur d'avoir mal. Le toucher, on en fait l'expérience dès l'enfance par les claques ou les caresses. Il est un sens entier et binaire : j'aime ou je n'aime pas, j'accepte ou je n'accepte pas. Temps mort : ne me touchez pas ! Bientôt, par-delà la peur d'être blessé, une cousine : la peur de se révéler.

Tu as peur de te laisser découvrir. Car tu le sens bien, intimement, que le toucher révèle. En te révélant, tu penses être plus vulnérable. Alors, tu préfères vivre et le plus souvent possible, ne pas te laisser toucher. Ne dit-on pas : *Pour vivre heureux, vivons cachés* ? J'aime bien dire : *Pour vivre heureux, vivons touchés*. Car, parfois c'est plus fort que toi ; quelqu'un t'effleure, d'un compliment, d'un bravo, d'un regard, d'un moment partagé ou d'une histoire. Et voilà que tu te laisses surprendre à éprouver. C'est immense. C'est vertigineux. C'est dans ces moments-là que tu te sens bien vivant. Tu vibres à l'unisson. Tu n'es plus seul.

Le toucher fonde notre humanité dès les premières heures de vie : c'est quand maman prend bébé dans ses bras qu'il prend conscience de son contour, de son existence par rapport au monde qui l'entoure. Même nourri, changé, soigné, il ne se développe pas s'il n'est pas touché. Ne grandit pas. Ne s'épanouit pas. Par le toucher, j'existe et j'apprends sur moi, l'autre et le monde. Nouveau-né, l'humain a besoin d'être touché avec amour. Pourquoi cela serait-il différent à l'âge adulte ?

Comment avons-nous fait pour oublier notre corps à ce point ? Sans devenir un objet de culte, ton corps a besoin de soins et d'attention. Il a besoin d'être touché. Il a besoin de se développer. Il est ton véhicule le temps d'une vie et tu connais l'expression : *Qui veut voyager loin ménage sa monture*. Je dis, moi : *Qui veut aller bien prend soin de sa monture*. Pour un *runner*, prendre soin de son corps est une simple question de bon sens ! Il ne s'agit pas de se ménager au sens de « s'économiser », mais plutôt de chercher une forme d'écologie à soi, une harmonie entre l'activité d'un individu, sa relation à lui-même et aux autres, son environnement et son engagement au monde ; nous parlons de respect, de développer et d'aimer aussi cette merveilleuse enveloppe sensorielle.

S'éloigner de ton corps n'est pas une bonne idée. Réinvite-le vraiment dans ta vie. Bouge. Sens et ressens. Laisse-toi toucher à nouveau et fais confiance à tes sensations. La puissance d'enseignement par le corps est indescriptible. Courir est un moyen de renouer avec ton corps et avec tes sensations.

Comment renouer avec mon corps ?

Je décide d'être heureux

Un jour, je serai heureux…

« Il n'y a pas de chemin vers le bonheur, le bonheur est le chemin. Il n'existe pas de chemin vers l'éveil, l'éveil est le chemin. (…) Nous pouvons commencer avec la joie, car Joie et Bonheur sont toujours disponibles dans notre conscience sous forme de graines. »

Prendre soin de l'enfant intérieur, Thich Nhat Hanh

Pourquoi attendre ? N'as-tu pas envie dès à présent de ressentir plus de joie et de satisfaction ? Penses-tu vraiment que cela puisse venir de quelqu'un d'autre que toi ?

Voilà une drôle d'idée souvent répandue dans les livres ou les films : tout va mal, le héros a une vie pleine d'adversité et puis, à force de courage et de travail, de souffrance ou de chance, il est enfin récompensé par la réussite sous la forme d'argent ou d'amour. Il peut enfin vivre heureux pour toujours. Mais qui peut encore croire à un tel scénario ? Comment imaginer qu'un voyage malheureux puisse conduire à une destination heureuse ? Autre scénario répandu : celui du prince charmant qui fait le bonheur du héros ou de l'héroïne.

Le bonheur n'est ni une récompense ni un cadeau que l'on te fait. Tu mérites d'être heureux et tu as toutes les clés pour y parvenir. La seule vraie bonne question, c'est : l'as-tu seulement décidé ?

Si la réponse est non, restons-en là ! Mais si au contraire, tu désires éprouver plus souvent de la joie, du bien-être et de la satisfaction, n'attends pas une seconde de plus : nous allons justement utiliser la joie et le bien-être comme socle de ta transformation.

Après mon divorce, j'ai acheté une carte postale sur laquelle était inscrite une citation d'Albert Camus : « Il n'y a pas de honte à préférer le bonheur ». Je savais intuitivement que le bonheur n'attendrait pas à l'arrivée : il devait faire partie du parcours et JE devais l'inviter sans attendre, en faire l'invité permanent de ma vie. Aujourd'hui encore, cette carte postale est affichée au-dessus de mon bureau.

Je signe !

Écris cette phrase de ta belle plume : « J'ai décidé d'être heureux et ça démarre aujourd'hui ! » Signe et date en bas de page ; tu viens de signer un contrat avec toi-même !

Je cherche

à me sentir

bien

Choisis toujours le bien-être

« Aussi souvent que possible, fais ce qui te rend heureux. »

Delphine Buisson

« Accroche-toi, ne lâche rien, fais-toi mal, sors de ta zone de confort. » D'où vient cette idée curieuse qu'il faut souffrir pour apprendre ? Que la progression est liée à la douleur ? L'exploration, la découverte, la curiosité, l'effort, la persévérance pour sauter un palier, passer un cap et progresser, oui, bien sûr. Mais pourquoi choisir de souffrir plus que nécessaire ?

Pendant mes courses de running, j'ai expérimenté d'autres sensations. J'ai remarqué que pendant les moments où c'est le plus difficile, la seule attitude qui m'aide, c'est le relâchement. Plus c'est tendu, plus je m'entraîne à lâcher prise, à laisser aller. Lâcher prise ne veut pas dire abandonner, mais plutôt s'abandonner, consentir à ne pas (tout) maîtriser. Il y a de la force dans l'acceptation : surfer avec la vague, arrêter de nager à contre-courant, courir avec la pente, vivre avec le mouvement de la vie pour créer son propre mouvement. Chaque fois que quelque chose me gratte, me pique, me laisse insatisfaite, je cherche le « mieux-être ». J'ai importé cette pratique dans ma vie quotidienne : je cherche à me sentir bien le plus souvent possible !

Outre la technique du lâcher-prise, chaque fois que c'est difficile dans l'une ou l'autre de mes courses, je me reconnecte à mon intention de départ, à mon envie du début. C'est une autre technique pour passer les moments délicats.

Pourquoi suis-je en train de courir cette course ? Quelle était mon intention au départ ? Ma motivation, mon inspiration ? Plus l'intention de départ est précise et claire, plus elle devient une puissante source d'énergie pour continuer la course et la finir.

**Cours, lis, écris, dessine,
prend des notes, inscris,
cherche le bien-être
le plus souvent possible
et sens la profonde
métamorphose dont tu es,
pas à pas, l'auteur.**

Pour aller plus loin

www.courirsavie.fr/video-smilingcanchangeyourlife

www.courirsavie.fr/video-puisssancedelintention

Ma motivation, mon intention

Je m'écoute !

CYCLE 1

FEELING

Éprouver • S'éprouver • S'autoriser à ressentir • S'écouter • Sens • Émotion • Bien-être • Accuser réception • Accueillir

Les objectifs

Écoute-toi. Sois attentif à tes émotions, plus que d'habitude, car elles sont ta boussole intérieure. Sois attentif à ce que tu aimes, à ce qui te va bien, à ce qui te parle et te fait du bien.

Je fais attention
à mon moi intérieur

Je me reconnecte

« Quand je prends du temps pour moi, je prépare la qualité du temps que je vais passer avec l'autre. »

Delphine Buisson

Dans ce cycle, tu ne vas rien changer à ta vie. Tu vas simplement faire plus attention à ton toi intérieur, à ce que tu ressens et à ce que tu aimes. Car si tu as des émotions, c'est bien parce qu'elles servent à quelque chose !

Xavier a une trentaine d'années. Il développe le pôle international d'un grand groupe français. Il est jeune marié, papa de jeunes enfants. *Ça va très bien, j'adore ma femme et mes enfants. Avoir une famille, c'est formidable. Je suis heureux. Seulement en rentrant du travail, j'enchaîne avec les enfants, je prends le relais de ma femme, c'est normal. Ce qui me manque simplement, c'est de ne pas pouvoir m'isoler dans ma grotte plus souvent. Me retrouver avec moi-même, me poser, sans que ça inquiète ma femme. Quand j'ai envie d'être seul, ce n'est pas par opposition au fait d'être avec elle ou avec eux. J'ai simplement besoin de me poser. C'est grâce à ces temps avec moi-même que je suis bien avec eux. J'en ai besoin.*

Beaucoup de sollicitations, de notifications, de bruits partout. Beaucoup de sons, d'images, des informations et des émotions à profusion, dont un grand nombre ne te concernent pas, ne t'intéressent pas vraiment. Beaucoup de sujets surtout, sur lesquels tu n'as ni pouvoir ni influence. Comment expliquer que tu te laisses envahir par la vie des autres en prenant si peu soin de la tienne ? Pendant ce premier cycle, tu vas passer plus de temps avec toi-même.

L'auto-empathie

Quand tu pratiques la course à pied, tu ne peux pas tricher. L'auto-mensonge, que nous pratiquons aisément au quotidien (*Mais si, je vais très bien, pourquoi tu dis ça ?!*), c'est compliqué quand on court ! Quand c'est difficile, c'est difficile ! Tu peux essayer de te convaincre du contraire, mais ça ne marche pas. La méthode la plus efficace pour passer le plus vite possible à un état plus favorable, c'est de pratiquer l'auto-empathie : je m'écoute attentivement, avec une grande bienveillance ; j'accueille mon état émotionnel et je l'accepte. Quand je suis sincère avec moi-même, je me respecte, je me fais confiance et je deviens plus fort.

Tes émotions sont ta boussole intérieure, tes guides. Pour savoir si tu es sur le bon chemin, écoute-toi : si tu te sens aligné, serein, avec une belle énergie, puissante, calme et posée, la voie est bonne. Dans le cas contraire, la direction ou le mode opératoire ont besoin d'être révisés.

Les mini-vacances

Ça ne t'a pas échappé, quand tu pars en vacances tu t'écoutes un peu plus. Tu prends davantage ton temps. Tu t'autorises à être plus à l'écoute de toi-même. Tu te dis même que tu as mérité ce temps pour toi, ce plaisir que tu t'offres, ce cadeau que tu te fais. Comme si tu n'étais pas propriétaire de ton temps et que tu le devais à autrui ! En plus, tout le monde te dit que ça te va bien les vacances : tu souris plus, tu es plus joyeux, moins énervé, plus disponible. Plus doux aussi.

Tu comprends déjà que quand tu es plus attentif à toi-même, tu es plus disponible à l'autre. C'est donc un cadeau à tout le monde que tu fais.

Pourquoi ne pas recréer plus fréquemment ces mini-vacances à l'intérieur de ta semaine et même, de ta journée ? Ménage-toi de petits temps où tu coupes le son extérieur pour te connecter uniquement à ta voix intérieure.

Fais confiance à ton GPS intérieur

L'idée est de ne pas vivre comme un robot préprogrammé : certains de tes programmes sont vertueux (voir la définition *Routine* dans le glossaire, page 204), d'autres non. Ton mental fonctionne avec ta mémoire, avec ce qu'il a appris. Ton « cœur », lui, sait comment tout ça fonctionne, un peu comme s'il portait en lui tout le savoir de l'univers.

Disons les choses simplement, tes émotions sont ta boussole intérieure. Quand elles sont positives, tu es sur la bonne voie, celle qui est bien pour toi. Quand elles sont négatives, c'est l'inverse ! Il est temps de changer quelque chose. L'idée est de réapprendre à choisir avec le cœur. Commence par des choses futiles : choisis tes vêtements le matin, ce que tu veux manger, ce que tu veux faire le soir, le week-end, qui tu as envie de voir ou d'appeler…

Ton GPS, le seul qui soit vraiment fiable, c'est toi. Et dans le fond c'est parfaitement logique : toi seul peux savoir ce qui te va bien, ce que tu as envie de faire et qui tu as envie de devenir.

Je recommande donc le principe de l'alternance : du temps pour moi, du temps pour eux, du temps pour moi, du temps pour eux, etc.

Prends rendez-vous avec toi-même : ton moi, ton être intérieur, ta petite voix… Appelle-le comme tu veux, l'idée, c'est d'être bien présent dans ta vie, voire d'y revenir !

Avertissement

Pendant ce premier cycle, tu risques de culpabiliser de prendre plus de temps pour toi : *Que vont penser mes proches ? Suis-je assez présent pour eux ? Comment vont-ils faire sans moi ?* Tu vas peut-être entendre des remarques ou des jugements désagréables : *Tu deviens égoïste. Tu ne me consacres pas assez de temps. Tu me manques ! Tu ne m'aimes plus, puisque tu ne t'occupes pas de moi.* À toi alors de choisir de prêter attention ou pas aux remarques culpabilisantes, aux peurs du changement et aux pensées parasites et de rassurer tes proches tout en gardant ton cap. Un peu comme les premiers jours d'un régime sans sucre, il s'agit de déprogrammer certaines habitudes – une vie à 110 % tournée vers les autres – pour en programmer d'autres, plus vertueuses pour tout le monde. Tes enfants aiment que tu frappes à la porte de leur chambre avant d'entrer ? Eh bien pour toi, c'est la même chose : il va falloir frapper à ta porte avant de te solliciter.

J'ai souvent donné à mes filles l'image d'un porte-avion : chacun pilote son avion de chasse et part à l'aventure de sa vie ; le porte-avion, c'est le socle, la base de ravitaillement, de refuge en cas de coup dur ; c'est aussi le lieu du rassemblement, là où l'on passe de bons moments ensemble. Si on ne se quitte pas, on n'a pas le plaisir de se retrouver et c'est bien quand chacun s'engage dans son expérience de vie qu'il a des histoires et des expériences, à partager et à transmettre. Si personne ne décolle du porte-avion, l'ambiance devient morose, on finit par se connaître par cœur, par s'étioler, par s'étriper ou par mourir d'ennui ; la tribu ne se régénère pas, n'accueille pas non plus de nouveaux membres.

Peut-être as-tu peur aussi que tes proches sachent vivre sans toi et que les choses ne soient pas exactement faites selon tes habitudes et tes standards ; il te faudra l'accepter et de belles surprises pourraient bien en découler. Tu te poseras la question : *À quoi je sers s'ils n'ont pas besoin de moi* ? La bonne nouvelle, c'est qu'ils verront vite un intérêt à ce que tu développes réellement une vie épanouissante ; ils seront fiers, heureux pour toi ; ils seront également débarrassés de l'affreux sentiment de culpabilité de ne pas s'occuper de toi (qui leur a tant donné) ; ils auront davantage envie d'aller vivre leur propre vie et vos retrouvailles n'en seront que plus riches et précieuses.

Au cours de ce cycle, chaque fois que tu as à choisir entre prendre du temps pour toi ou prendre du temps pour quelqu'un, choisis le temps pour toi. Pour pouvoir t'écouter correctement et te reconnecter, il te faut un peu de silence, d'espace et de temps.

À moi maintenant !

À quel moment vas-tu pratiquer l'écoute de toi, le recentrage ?

- ☐ Le matin au réveil.
- ☐ Le soir au coucher.
- ☐ Pendant ta sortie running.
- ☐ Tous les jours, plusieurs fois par jour, en fermant les yeux un moment.
- ☐ 1 fois par semaine au moins.
- ☐ Quand tu es avec quelqu'un et que ta pensée est confuse ou ton émotion trop forte.
- ☐ Quand tu es en groupe et que tu as besoin de faire le tri : ce qui est à eux, ce qui est à toi.
- ☐ Pendant les transitions de la journée, c'est-à-dire juste avant ou juste après un événement – arriver au bureau, rentrer à la maison, démarrer un nouveau rendez-vous, rencontrer quelqu'un, produire un travail…

À quel endroit te donnes-tu rendez-vous ?

- ☐ Les toilettes, c'est le seul endroit où tu peux être tranquille !
- ☐ Dans ta chambre.
- ☐ Au bureau.
- ☐ Dans la cuisine.
- ☐ Au jardin, dans la nature.
- ☐ Dans un café.
- ☐ N'importe où, tu sais construire ton palais mental.

Avec qui… ?

Blagounette, c'était une question piège !

Quand tu t'écoutes, qu'est-ce que tu entends ?

Des pensées, des sensations et des émotions, voilà ce que tu peux entendre quand tu es à l'écoute de toi même.

Commence par faire le tri : suis-je dans mes pensées, dans mes sensations ou encore au beau milieu d'un ressenti ? C'est important, car cela te permet d'apporter la juste réponse à tel ou tel type d'information.

Si ta pensée est inspirante, n'hésite pas à la noter. Dans le cas d'une pensée négative, soit tu décides de remonter à la source pour en comprendre la cause, soit tu décides de penser à quelque chose de plus joyeux !

Les sensations éprouvées s'inscrivent dans ton cerveau, un peu comme dans une base de données. J'appelle ça « la mémoire dans la peau ». S'il s'agit d'une sensation de bien-être, note ce qui t'a permis d'arriver à cet état. Tu pourras ainsi le reproduire à dessein. Dans le cas d'une sensation désagréable, ne note pas et oublie-la vite…

Tu as sans doute lu mille choses au sujet des émotions. Et peut-être as-tu appris :

- à les cacher ;
- à faire comme si elles n'existaient pas ;
- à faire comme si elles ne comptaient pas ;
- à faire comme si elles n'avaient aucune utilité, comme si elles n'indiquaient rien ;
- à les laisser s'exprimer (bravo !) au point de te laisser submerger par elles (moins bonne idée…).

Avancer sans écouter ses émotions, vivre « effacé » sans se prononcer, ni s'engager pour soi-même… tout cela conduit à mener une vie extrêmement aléatoire et pour dire les choses simplement, une vie finalement conduite par les autres : les parents, le conjoint, les enfants, le patron…

Puis-je maîtriser mon émotion ? Est-ce une bonne idée de le faire ? S'il est difficile de « contrôler » une émotion, il est en revanche beaucoup plus facile de contrôler la pensée qui te conduit à un état émotionnel. Pourquoi ? Simplement parce que tu es le maître de tes pensées. C'est une question de discipline. Dès que tu te laisses aller à une pensée qui t'entraîne vers une émotion négative, tu as le pouvoir de penser à autre chose de plus réjouissant. On nous enseigne dès l'enfance à maîtriser nos émotions sans comprendre l'intérêt de leur existence. Elles sont là pour te guider : positives, le chemin est bon pour toi ; négatives, il te faut revoir quelque chose. Nous pratiquons un cheminement étonnant : nous cherchons à discipliner nos émotions et nous accueillons n'importe quelle pensée qui se présente à notre esprit ! Le « bon sens » est l'ordre inverse :

1. J'accueille mon émotion (qui me dit quelque chose) ;
2. Je discipline ma pensée.

Me sentir bien, c'est avoir le sentiment :

- ☐ d'avoir réalisé quelque chose de bien ;
- ☐ d'être allé au bout de quelque chose ;
- ☐ d'avoir accompli quelque chose ;
- ☐ d'avoir appris quelque chose ;
- ☐ d'avoir progressé sur un sujet ;
- ☐ d'avoir transmis à quelqu'un ;
- ☐ d'avoir été utile à quelqu'un ;
- ☐ d'avoir entrepris ou contribué à un nouveau projet ;
- ☐ de ne pas être passé à côté de quelqu'un d'important ;
- ☐ d'avoir su profiter du moment ou de la personne à l'instant T ;
- ☐ d'avoir pris du temps pour moi, j'ai besoin de ....
- ☐ d'avoir dit, entendu, fait, partagé ou ressenti ....

Et toi, qu'est-ce qui te fait te sentir bien ? Observe, cherche et pratique. Si, si, le bien-être, ça se pratique !

....

....

....

....

....

....

....

Pour aller plus loin

La vraie fausse bonne idée : tu t'écoutes trop !

La vraie bonne idée : écoute-toi régulièrement et utilise les informations que tu en tires.

Boîte à outils : ouvre ta *Boîte à médailles* (page 88) et ta liste *I Feel Good* (page 85).

Pour t'inspirer :

– à lire : *L'intelligence émotionnelle,* Daniel Goleman.

– à visionner : www.courirsavie.fr/video-estimedesoi

Ce premier cycle est le moment de faire le bilan et de te reconnecter afin de déterminer ce qui va permettre d'atteindre une sensation de bien-être. Les pages qui suivent sont les tiennes ! Complète-les avec sincérité !

Ma liste *I Feel Good*

Dans cette liste, inscris tout ce que tu aimes, ce qui te touche positivement, ce qui te rend joyeux. N'hésite pas à la remplir régulièrement.

Ma liste *I Feel Good* par les 5 sens

La sensation de bien-être arrive souvent par les sens ; repère-les !

Quel(s) goût(s) te donne(nt) un sentiment de bien-être ?

Quelle(s) odeur(s) te donne(nt) un sentiment de bien-être ?

Quel(s) toucher(s) te donne(nt) un sentiment de bien-être ?

Quelle(s) musique(s) te donne(nt) un sentiment de bien-être ?

Quelle(s) image(s) te donne(nt) un sentiment de bien-être ?

Ma boîte à médailles

Les pages qui suivent sont des invitations à faire le bilan de tes réussites, ton audace, tes essais et tes échecs, afin de te permettre de renforcer ta confiance personnelle et ton optimisme. Tu peux choisir de conserver ces mots dans ce livre ; ou de créer ta boîte à médailles.

Te souviens-tu quand tu étais enfant ? Tu avais une boîte à trésors que tu ouvrais souvent. Tu passais ton temps à regarder, à toucher, les merveilles qu'elle contenait avec une joie profonde. Chaque fois, le même ravissement, le même plaisir à retrouver ces objets précieux : une médaille gagnée au cross de l'école, un coquillage qui te rappelait de belles vacances, un caillou offert par une dame rencontrée à la plage, une fleur séchée que tu avais cueillie en secret dans la montagne, la photo du mariage de tes parents…

Cette boîte à médailles doit t'apporter ce même plaisir. Choisis une jolie boîte dans laquelle tu y conserveras tous les mots qui désignent tes réussites. Une boîte que tu pourras ouvrir chaque fois que tu ressentiras un manque de confiance.

Cette boîte n'est pas destinée à en mettre plein la vue aux autres, mais plutôt à enrichir ton palais intérieur. Tu n'as pas besoin de faire la démonstration de tes réussites. Tu peux en revanche en raconter les histoires sans complexe à autrui, qui peut alors s'inspirer de ton parcours. Transmettre, c'est fondamental ! En plus, ça fait un bien fou !

Ce que j'ai appris, mes compétences, mes talents, mes savoir-faire, mon génie personnel

Ce que j'ai déjà réussi dans ma vie, ce dont je suis heureux et fier

Ce qui est important pour moi (mes valeurs, les personnes qui comptent…)

À tes baskets !

Sorties guidées de running sur 12 semaines

À chaque cycle, je te propose de profiter de tes sorties de course à pied pour te découvrir davantage, mieux te connaître et comprendre tes attitudes, tes habitudes et tes comportements. La course à pied est un excellent révélateur de personnalité.

Il ne s'agit pas de mesurer tes performances, de porter un jugement de valeur ou de te transformer en un coureur idéal (qui n'existe pas !) ; il s'agit simplement d'observer et d'identifier tes préférences, les contextes les plus bénéfiques à ton bien-être et probablement aussi, à ta performance.

Ces exercices de courses guidées vont amplifier les résultats du test du *Runner* (page 143). Plus l'on se connaît, plus on apprend à courir AVEC soi-même. Courir avec soi-même, c'est ne pas appliquer des recettes toutes faites ou suivre des méthodes dogmatiques ; courir avec soi-même c'est chercher l'alignement corps-tête-cœur dans chacune de ses courses.

Cycle 1

Semaine 1 : je repère mon parcours à l'avance (parcours et durée).

Semaine 2 : je cours au hasard des rues, je me balade, je me perds.

Semaine 3 : je choisis : parcours balisé ou balade libre.

Cycle 2

Semaine 4 : je suis un programme de séquences chronométrées.

Semaine 5 : je cours à la sensation en suivant la méthode du Fartleck.

Semaine 6 : je choisis : règles ou sensations.

Cycle 3

Semaine 7 : je cours sur un parcours plat, régulièrement, sans à-coups ; je garde la même vitesse ; je m'arrête dès que j'ai atteint la durée prévue.

Semaine 8 : je cours sur un parcours avec des dénivelés (montées, marches, obstacles), je change de rythme, je cours aussi longtemps que j'en ai envie.

Semaine 9 : je choisis entre les deux options des semaines 7 et 8.

Cycle 4

Semaine 10 : je cours avec un groupe et je rencontre de nouvelles personnes.

Semaine 11 : je cours avec un ami.

Semaine 12 : je choisis : seul, en duo ou en groupe.

À la fin de chaque cycle, puis du programme, je note à la fin de ce livre (à partir de la page 221) ce que j'ai découvert sur mes préférences, je décide d'orienter de mieux en mieux ma vie de *runner*.

Mes idées de parcours, mes programmes...

Je découvre
ma préparation
idéale

Tes sorties running du cycle 1

Ton RUN semaine #1

Repère minutieusement ton parcours, visualise-le, définis la durée. Respecte-le à la lettre.

Date ______ / ______ / ______

Km ____________________

Chrono ____________________

Sensations ____________________

Ton RUN semaine #2

Cours au hasard des rues, balade-toi en courant, perds-toi !

Date ____ / ____ / ____

Km ________________

Chrono ________________

Sensations ____

____

____

____

____

____

____

Ton RUN semaine #3

Choisis ce que tu préfères : prévoir (parcours balisé) ou te laisser surprendre (balade libre) ?

Date ____ / ____ / ____

Km ________________

Chrono ________________

Sensations ____

____

____

____

____

____

____

Enseignements du cycle 1 (exercices + sorties running)

Ce que j'ai appris en général…

Ce que j'ai appris sur moi, ma façon de fonctionner, mes relations… ce dont je me suis souvenu…

Engagements après le cycle 1

Compte tenu de ces apprentissages, je décide, j'essaie de…

Je définis la place
que j'occupe
dans ma vie

CYCLE 2

CLARTÉ

Clarté • Vie multiple • Diversité • Contrastes • Rôles • Engagements • Équilibre

---

Les objectifs

Qui es-tu ? Où en es-tu ? Mets-toi au clair, fais un audit de l'existant, observe – sans juger – quelle place tu occupes dans ta vie en termes de temps, d'agenda, d'attention, de projets. Reviens un moment sur ce que tu as déjà vécu, sur les kilomètres que tu as parcourus.

Je choisis

ce qui compte

vraiment pour moi

Mes courses, mes rôles, mes créations

« Quand tu cours pour quelqu'un, le danger c'est de t'oublier. Parce que tu t'adaptes à son rythme, tu ne cours pas à ton rythme. »

« Comment la course à pied m'a donné une leçon de vie », Delphine Buisson

Voici une question que je pose souvent pendant mes conférences : quelles sont les personnes les plus importantes dans votre vie ? La plupart des gens me répondent : mes enfants, mon conjoint. Je pose alors la question suivante : regardez dans votre agenda, quel temps consacrez-vous à ces gens si importants pour vous ? L'idée n'est évidemment pas de faire culpabiliser les participants, mais plutôt de les inviter à se recentrer sur leurs priorités, voire à réorganiser leur agenda.

Nous vivons tous une vie multiple ou plutôt, une vie faite de multiples rôles. Certains choisissent ou préfèrent un rôle plutôt qu'un autre : priorité à ma carrière professionnelle, ou encore, je suis plus mère que femme... D'autres, à l'inverse, ne souhaitent pas privilégier un rôle par rapport à un autre et aspirent à une vie multiple équilibrée. Comment faire pour se sentir bien et réussir toutes ses courses, personnelles, professionnelles, familiales, amoureuses ? Et comment faire pour bien « courir ensemble », c'est-à-dire avoir des relations sereines, harmonieuses, créatives, au travail, à la maison ?

Relativiser le système de contrepartie positif/négatif

Heureux au jeu, malheureux en amour. Tout a un prix. Choisir, c'est renoncer. On ne peut pas tout avoir. À courir plusieurs lièvres à la fois, tu vas tout perdre.

À bien y réfléchir, nous avons mis en place dans nos esprits un puissant système de contreparties : si tu réussis dans ce domaine-là, alors tu vas échouer dans un autre. Toutes ces ritournelles nous interdisent d'atteindre ce que nous souhaitons vraiment, à savoir : réussir partout !

D'ailleurs serait-il « légitime » et « juste » de réussir sur tous les plans de sa vie ?

Pourtant voilà exactement le genre de réussite qui nous inspire aujourd'hui : nous cherchons des personnes lumineuses et alignées, qui réussissent leur vie professionnelle ou s'épanouissent dans leur passion, qui jouissent d'un bel équilibre relationnel, d'une harmonie familiale, d'une vie amoureuse et spirituelle complète. Là encore, il s'agit moins d'être « heureux sans cesse » (ce qui serait d'un ennui mortel !) que de « chercher sans cesse » à améliorer sa situation dans tous les domaines de sa vie, à évoluer.

Histoire banale : peut-être as-tu déjà éprouvé des sensations similaires, à certains moments de ta vie. Comment s'en étonner ?

Romain se couche épuisé une fois de plus. Il s'en veut d'être dans cet état de fatigue, ça devient chronique, Karine va lui demander de faire l'amour ce soir et il n'a qu'une envie : dormir. Elle va encore croire qu'il ne la désire plus. En réalité, c'est plus simple que ça : quand il rentre du travail, il passe faire les courses, récupère le pressing de Karine et libère la baby-sitter pour s'occuper des enfants. Il faudra ensuite préparer le dîner, car Karine rentre tard. Lucie, sa meilleure amie, l'aura appelé pour lui raconter ses problèmes au boulot et Romain n'osera pas lui dire qu'elle n'a qu'à se chercher un autre job… Demain il faudra aider à préparer la fête de l'école, conduire le petit chez le médecin pour son vaccin, puis au basket pour son match. Encore une journée que Romain n'aura pas vu passer. Il est fatigué d'avance. Fatigué tout court.

Comptabilité d'une vie

Exactement comme dans une course, il s'agit d'observer quel temps, quel effort, quel argent j'ai finalement consacré à cette course et de comparer ces données à la performance brute réalisée : *quelle est en fin de compte ma marge nette* ? Tu connais probablement des gens qui ont très bien réussi dans la vie, gagnent beaucoup d'argent, mais qui ont laissé en chemin un compagnon, une famille, des amis, des enfants. Ils tentent ensuite de rattraper le temps perdu, souvent avec quelqu'un d'autre. À concentrer 100 % de son temps à une seule course, on finit par épuiser ses ressources et souvent, par courir tout seul. C'est aussi vrai pour l'ambitieux chef d'entreprise motivé par la réussite financière que pour le parent qui décide de consacrer sa vie à sa famille en oubliant de vivre la sienne. Le challenge, c'est plutôt de savoir distribuer son temps, son attention, son énergie à chacune de ses courses, pas nécessairement de façon équitable, mais de façon délibérée. Choisir la répartition de son temps et l'affectation de ses ressources pour qu'au moment du bilan reste ce – ou ceux – qui compte vraiment pour toi !

Pour aller plus loin

La vraie fausse bonne idée : prendre sur toi, faire des concessions, une fois pour toutes.

La vraie bonne idée : te remettre au centre de ta vie.

Boîte à outils : définis clairement toutes tes courses, mets ton CV ou ton profil LinkedIn® à jour.

Pour t'inspirer :

– à lire : *Le Paradoxe amoureux*, Pascal Bruckner

– à visionner : www.courirsavie.fr/video-reussirchoisir3fois

Mes courses, mes rôles

Recense toutes tes courses (personnelles, professionnelles, familiales…) ou tous tes rôles (parent, enfant, ami, amoureux…) et évalue-les sur une échelle de 1 à 4 :
1 = je subis ce rôle à 100 %
4 = je choisis ce rôle à 100 %.

Exemple : je suis un papa. Je choisis d'être papa à 100 %, j'entoure 4.

1. ______________________	4	3	2	1
2. ______________________	4	3	2	1
3. ______________________	4	3	2	1
4. ______________________	4	3	2	1
5. ______________________	4	3	2	1
6. ______________________	4	3	2	1

Je m'évalue

Évalue sur une échelle de 1 à 5 ta satisfaction pour chaque rôle (ce que j'aime, ce que je n'aime pas, ce que je veux voir évoluer).

Décris les sensations associées (tristesse, frustration, impulsion, plénitude, joie, rire, peur, inquiétude, doute, confiance…).

Ma vie personnelle

Mes centres d'intérêt, ce qui me porte, mon évolution, ce que j'apprends, ce que j'entreprends…

Ma (mes) vie(s) professionnelle(s)

Engagement, intérêt, évolution, ambiance, argent…

Ma vie de parent

Vitalité, envie, sérénité, relation, évolution des enfants…

Ma vie amoureuse

Vitalité, émotion, sentiment, sensualité, sexualité…

Ma vie relationnelle et sociale

Amis, famille, collègues…

Je découvre mon environnement de course optimal

Tes sorties running du cycle 2

Ton RUN semaine #4 : suis un programme précis composé de séquences chronométrées et d'exercices précis.

Date ____ / ____ / ____

Km ______________

Chrono ______________

Sensations ____

____

____

____

____

____

____

Ton RUN semaine #5 : écoute-toi et cours à la sensation en suivant la méthode du *fartlek*[1].

Date ______ / ______ / ______

Km ____________________

Chrono ____________________

Sensations ____

____

____

____

____

____

____

Ton RUN semaine #6 : choisis ce que tu préfères : course structurée ou libre.

Date ______ / ______ / ______

Km ____________________

Chrono ____________________

Sensations ____

____

____

____

____

____

____

1. Le *fartlek* est un exercice d'entraînement sportif. Il consiste à alterner des phases de sprint en anaérobie et des phases calmes en aérobie. Mise au point pour l'entraînement de la course de fond et de demi-fond, la méthode est aussi utilisée lors d'entraînements d'apnée où le sprint est remplacé par une phase anaérobie en apnée.

Enseignements du cycle 2 (exercices + sorties running)

Ce que j'ai appris en général...

Ce que j'ai appris sur moi, ma façon de fonctionner, mes relations...

Engagements après le cycle 2

Compte tenu de ces apprentissages, je décide, j'essaie...

Je dis
STOP !

CYCLE 3

DÉTOX

Trier • Classer • Vider • Faire de la place • Espace

Les objectifs

Faire de la place dans sa tête et dans son agenda, pour ne garder que ce qui est précieux.

Je me libère !

Je crée de l'espace

« Ce que consomme l'information est relativement évident : elle consomme l'attention de ceux qui la reçoivent. Dès lors, une abondance d'information crée une pénurie d'attention. »

Organisations, Herbert Simon (Prix Nobel d'économie 1978)

Il est étonnant de constater à quel point, quand on court et que les poumons sont sollicités, on devient hypersensible à tout ce qui est toxique : quand on marche et que l'on respire un gaz d'échappement, c'est désagréable, mais si l'on court, c'est carrément insupportable. On peut ressentir ses cellules ; on sent, on sait que c'est nocif. Parce que les capteurs sensoriels sont activés, on adopte les bons réflexes de protection : s'éloigner de ce qui est toxique.

Dans la vie, c'est exactement la même chose : plus on pratique une éthique relationnelle, un respect de soi et de l'autre, moins on supporte d'être spectateur ou d'entendre des paroles déformées ou manquant d'éthique, des mensonges, des distorsions de ses propos, une généralisation de sa pensée, des suppositions, des paroles accablantes sur les absents, des jugements stériles… Par extension, plus on pratique la pensée positive et créatrice, plus les pensées sombres et négatives paraissent toxiques. On n'a alors qu'une seule envie : s'éloigner, fermer sa porte et décider de ne plus l'ouvrir que pour laisser entrer ce qui fait du bien.

Histoire banale : la mère de Sonia l'appelle au téléphone et commence à déverser un torrent de mots/maux en énumérant tout ce qui ne va pas dans sa vie. Le temps, l'argent, les voisins, son logement tout pourri, ses enfants ingrats, la vie qui est si dure avec elle... D'ailleurs, Sonia a bien de la chance de l'avoir malgré tout. La maman raccroche ; elle va mieux, vidée de son fiel pour un moment au moins. Sonia, qui n'a pas dit un mot, est plombée : esprit, cœur et pieds de plomb. Elle a le sentiment d'être une poubelle qui contient, de surcroît, les déchets d'un autre.

Imagine un peu tout ce qui entre dans ta tête, dans ton cœur et dans ton corps ! C'est un pays sans frontières, sans panneaux de signalisation, sans parkings, sans usines de traitement des déchets ! Tu laisses entrer indifféremment les bonnes comme les mauvaises choses. Dis STOP ! Il est temps de contrôler tes frontières et de faire un grand ménage de printemps. Il te suffit de le décider : observe, puis choisis délibérément les entrées et les sorties de ton corps.

Comment libérer du temps simplement, créer de l'espace ?

Observe ce qui te prend du temps aujourd'hui, en termes d'actions, mais aussi de pensées : à quoi, à qui prêtes-tu attention ? Qui consomme ton temps ?

1. Ôte de ton sac ce qui ne t'appartient pas : les soucis des autres, les croyances limitantes…
2. Mets-toi à la diète de ce qui ne te procure ni joie ni bien-être.

Pour aller plus loin

La vraie fausse bonne idée : prendre sur toi, faire des concessions, une fois pour toutes.

La vraie bonne idée : t'exprimer, être plus assertif et sélectif, développer tes compétences relationnelles.

Pour t'inspirer :

- à lire : *Le courage* d'*être soi*, Jacques Salomé
- à visionner : « La bonne idée, c'est de courir léger, porter juste le nécessaire, ce qui m'appartient, ce qui me fait du bien ; autrement dit, ce qui est utile et précieux pour moi » – TedX

Je m'exerce

Exercice n° 1

Écris ou coche ce qui te prend du temps et dont tu souhaites te libérer.

- ☐ Coupe le son extérieur (radio, télé, réseaux sociaux) pour limiter le flux d'informations en tous genres.
- ☐ Passe moins de temps à écouter les autres te raconter leurs problèmes.
- ☐ Passe moins de temps à t'épancher sur tes problèmes auprès des autres.
- ☐ Passe moins de temps à râler sur ta vie ou sur le monde, les gens, la société…
- ☐ Éteins ton téléphone plus souvent, appelle moins, réponds moins.
- ☐ Éteins ton ordinateur et range-le pour la nuit.
- ☐ Sois moins disponible pour les autres, passe moins de temps à remplir ton devoir pour te présenter au concours du super papa ou de la meilleure maman du monde selon les critères édictés par on ne sait qui !
- ☐ Évite les discussions stériles et les « Je t'avais bien dit que j'avais raison ! »
- ☐ Cesse de te préoccuper ! Autrement dit, arrête de te pourrir l'esprit en anticipant les problèmes – qui n'arriveront peut-être pas – ou en réfléchissant à une situation sur laquelle tu n'as pas la main.
- ☐ Cesse de ruminer le passé, ce que les autres ont fait, ont dit, ce qu'ils pensent, ou que tu penses qu'ils pensent…
- ☐ Lève-toi plus tôt et réserve-toi les belles heures fraîches du matin.

Exercice n° 2

Quelles sont les personnes qui produisent ton plaisir et le propulsent en avant ? Et celles qui t'inspirent plus de déprime ?

____

____

____

____

____

____

Mon sac

Personne ne peut remplir ce sac à ta place : c'est le tien ; c'est ta course. Tu sais ce dont tu as besoin, ce qui est indispensable à ta course. Porte le juste nécessaire, ce qui te nourrit, ce qui est précieux et utile pour toi. Cours léger !

Ce que j'enlève de mon sac

Note tout ce que tu as envie d'arrêter, de rendre.

Ce que je mets, je garde dans mon sac

Note tout ce que tu as envie de prolonger, d'amplifier, de soigner.

Mes aspirations

Note tout ce à quoi tu aspires… par contraste (ça n'est pas ça que je veux, mais ça !) ou par nouveauté (ça a l'air génial, moi aussi j'ai envie d'essayer…)

Commence tes phrases par : Et si… ?

Je découvre mon terrain de course favori

Tes sorties running du cycle 3

Ton RUN semaine #7 : cours sur un parcours plat, sans relief, régulièrement, sans à-coups ; garde la même vitesse et cours seulement la durée prévue.

Date ______ / ______ / ______

Km ______________________

Chrono ______________________

Sensations ____

____

____

____

____

____

____

Ton RUN semaine #8 : sur un parcours comportant des dénivelés (montées, marches, obstacles) ; change de rythme quand tu le sens et cours aussi longtemps que tu en as envie.

Date ____ / ____ / ____

Km ______________

Chrono ______________

Sensations ____

____

____

____

____

____

____

Ton RUN semaine #9 : choisis ce que tu préfères entre les deux options des semaines 7 et 8.

Date ____ / ____ / ____

Km ______________

Chrono ______________

Sensations ____

____

____

____

____

____

____

Enseignements du cycle 3 (exercices + sorties running)

Ce que j'ai appris en général…

Ce que j'ai appris sur moi, ma façon de fonctionner, mes relations…

Engagements après le cycle 3

Compte tenu de ces apprentissages, je décide, j'essaie…

Je crée mon œuvre

CYCLE 4

RE-CRÉATION

Harmonie • Alignement • Évolution • Puissance créatrice • Joie • Élan • Mouvement • Rythme

---

Les objectifs

Rechercher l'inspiration en étant attentif à ses désirs. Retrouver du temps pour ses désirs, faire de la place à ses rêves.

Je me mets
à rêver...

J'aime et je veux

« Tous les jours, tu as l'occasion d'écrire une nouvelle page dans l'histoire de ta vie. Tu ne peux pas choisir les circonstances qui entourent les événements de ta vie, mais tu as toujours le choix de tes réponses, de ton état d'esprit, du développement de tes compétences et des personnes dont tu t'entoures. Choisis de croire en toi ! Souviens-toi, tu as quelque chose de spécial, il y a de la grandeur en toi. »

Lees Brown

Tu as fait un peu de tri, remis un peu d'ordre dans tes priorités ? Bravo !

Tu as décrit ce que tu aimes et tu as ouvert ta liste *I Feel Good* (page 85) ? Encore bravo ! Cette liste, ne la referme pas et continue de l'alimenter régulièrement ; chaque fois que quelque chose te fait du bien ou te donne un sentiment de bien-être, note-le. C'est précieux.

Et puis, tu as surtout créé de l'espace. Cet espace, tu vas maintenant l'utiliser pour faire plus de choses qui te rendent heureux et pour penser à ce que tu veux vraiment.

Dans ce quatrième et dernier cycle, tu vas oser rêver, rêver en grand, ce qui est peut-être ta plus grande audace. Tu vas ouvrir une autre page, qui prendra la forme d'un cahier ou d'une boîte à rêves (page 134). Oser laisser les enfants et les grands rêver au lieu de les réduire en répétant la phrase suivante : « Si je n'espère rien, alors je ne serai pas déçu ! » Quelle tristesse ! Il en a fallu des audacieux, des fous, pour faire avancer le monde. Steve Jobs enseignait aux étudiants de Stanford : *Stay hungry, stay foolish* (« Restés affamés, restez fous »). Comment passer du rêve à la réalité si tu n'as pas de rêves ? Ton travail consiste donc à passer plus de temps à identifier ce qui te donne envie, ce qui t'inspire. Tu as déjà couru, vécu, construit : qu'as-tu encore à vivre ?

L'équation magique pour vivre une vie mieux choisie, celle qui te fait chausser les bottes de sept lieux, la voici : *J'aime, je veux et voici pourquoi je le veux.* L'action vient ensuite.

Une fois que tu as goûté à l'expérience créatrice, au bien-être et à la sensation d'accomplissement qu'elle procure, impossible de revenir en arrière.

Il m'arrive encore de douter, de partir avec l'idée d'un devoir à faire, avec une échéance, un jugement, en ayant la peur de rater. Je me rappelle alors que je ne suis pas *posée* au bon endroit : je fais le calme en moi, je me recentre, je prends une grande inspiration et je souris, j'essaie d'être indulgente envers moi-même : eh oui, je me laisse prendre encore par de vieilles habitudes. Quand cela m'arrive, je décide de pivoter dans ma tête, je fais un pas de côté pour me remettre à l'endroit propice à la création pour ressentir de nouveau le bien-être, le plaisir, la joie et l'enthousiasme. Je me rappelle : *Pourquoi ai-je décidé de faire ça* ? Comme j'ai bien travaillé préalablement sur mon intention, je sais y retourner, c'est très clair pour moi.

Je me réjouis finalement à l'idée de me mettre à l'ouvrage plus que de travailler. Je pense à la sensation que j'éprouverai à l'arrivée et à la joie qui va accompagner chaque étape de mon chemin de créatrice. Créer mon œuvre : quelle aventure !

Pour aller plus loin

La vraie fausse bonne idée : arrêter de rêver !

La vraie bonne idée : rêver plus souvent, agir ensuite.

Boîte à outils : alimenter ta boîte à rêves (page 134).

Pour t'inspirer :

- à lire : *La semaine de 4 heures*, Timothy Ferris
- à visionner : www.courirsavie.fr/video-StayHungry ; www.courirsavie.fr/video-LivefullDieempty

Mes exercices

Les bonnes résolutions !

Cet exercice est à faire le 31 décembre de chaque année pour remplacer avantageusement les bonnes résolutions, un brin culpabilisantes et infantilisantes non ?!

Ouvre une page, trace deux colonnes et écris :

- dans la première colonne, ce que tu veux ;
- dans la seconde, pourquoi tu le veux.

Dessine !

C'est le moment de réaliser une carte de ton univers et de tes projets de l'année.

Tu peux utiliser une feuille blanche A3 par exemple, ou un poster, un outil de *mindmapping*.

Tu ne t'en rends pas toujours compte, mais tu as un univers immense. Si tu devais l'expliquer – qui tu es, ce que tu aimes, d'où tu viens, ce que tu sais faire, ce que tu fais, ce que tu es en train d'étudier, etc. –, rien ne serait plus efficace qu'un dessin composé de bulles et de flèches. J'aime bien faire cet exercice une fois par an au moins. Cela me permet de constater, année après année, l'évolution de mon univers dans ses différentes dimensions.

Cet exercice m'apporte une vision globale et dynamique de ma vie et de ma trajectoire.

Écris : la technique du rétroplanning

Projette-toi dans le futur, au 31 décembre de cette année. Quels projets as-tu envie de mettre en place dès aujourd'hui et qui feront que tu auras le sentiment d'avoir réussi ton année, que tu sentiras riche et gâté sous ton sapin de Noël ?

Inscris-toi !

S'inscrire, c'est le premier pas de la course. C'est un acte mental fort composé d'une décision suivie d'un engagement quasi-immédiat : écrire, dater, engager de l'argent, du temps, de l'énergie sur une action, un projet, une relation. Chaque pas dans l'engagement rendra plus difficile le retour en arrière ou le renoncement. Si tu décides de retourner à l'école, réserve un professeur maintenant. Si tu décides de démarrer le running, inscris-toi à une petite course et achète des baskets, maintenant. Si tu décides de démarrer un régime, prends rendez-vous chez un nutritionniste. Si tu décides de te réconcilier avec ton ami, décroche ton téléphone. Si tu rêves de partir en voyage, réserve ton billet d'avion ! C'est à toi de jouer !

Je décide de démarrer :

Je décide d'oser :

Mon défi cette année, c'est de :

Ma boîte à rêves

Note tout ce qui te touche positivement, ce qui te donne envie, ce qui te fait vibrer, ce qui te donne de l'élan. De quoi as-tu envie ? Quels sont tes rêves ? Qu'as-tu envie de vivre, de réaliser, d'expérimenter ?

Je découvre mon cadre idéal

Tes sorties running du cycle 4

Ton RUN semaine #10 : cours avec un groupe et rencontre de nouvelles personnes.

Date .... / .... / ....

Km ....

Chrono ....

Sensations ....

....

....

....

....

....

....

Ton RUN semaine #11 : cours en duo avec un(e) ami(e).

Date ______ / ______ / ______

Km ______________________

Chrono ______________________

Sensations ____

____

____

____

____

____

____

Ton RUN semaine #12 : choisis ce que tu préfères : courir seul, en duo ou en groupe.

Date ______ / ______ / ______

Km ______________________

Chrono ______________________

Sensations ____

____

____

____

____

____

____

Enseignements du cycle 4 (exercices + sorties running)

Ce que j'ai appris en général…

Ce que j'ai appris sur moi, ma façon de fonctionner, mes relations…

Engagements après le cycle 3

Compte tenu de ces apprentissages, je décide, j'essaie…

Le temps de danser

Vous avez déjà
Regardé des enfants sur un manège ?
Écouté le clapotis
De la pluie ?
Suivi le vol fantastique du papillon ?
Ou contemplé le soleil dans la nuit qui pâlit ?
Moins vite.
Dansez moins vite.
Le temps est compté.
Et la musique ne durera pas toujours.

Traversez-vous chaque journée
Sans même y penser ?
« Comment vas-tu ? » demandez-vous,
Mais écoutez-vous la réponse ?
La journée finie,
Vous allongez-vous dans votre lit
La tête bruissante
De mille et une choses à faire encore ?
Moins vite.
Dansez moins vite.
Le temps est compté.
Et la musique ne durera pas toujours.

Déjà dit à vos enfants,
On verra demain ?
Et tout à votre hâte,
N'avoir pas perçu leur tristesse ?
Avez-vous laissé
Mourir une amitié.
Parce que vous n'aviez jamais le temps
D'appeler pour dire bonjour ?
Moins vite.
Dansez moins vite.
Le temps est compté.
La musique ne durera pas toujours.

À courir aussi vite,
Vous perdez le plaisir du voyage.
Chaque journée avalée les yeux fermés
Est un cadeau qu'on jette sans même l'avoir ouvert.
La vie n'est pas une course.
Prenez le temps de danser.
Écoutez la musique
Avant que la chanson ne s'achève.

David L. Weatherford, dans *La semaine de 4 heures* de Timothy Ferris

Je développe mes compétences

Bonus

Quel est ton profil de *runner* ?

Découvre ton profil de *runner* en 6 questions !

Voici 6 paires de propositions. Pour chacune d'elles, je te propose de te situer tel que tu te perçois et non tel que tu souhaites être en répartissant 9 points entre les deux termes de chaque alternative.

Évite les extrêmes absolus 9/0 et 0/9 qui ne sont pas réalistes.

Exemples :

- Si tu coches le cercle 8/1, de la première alternative, tu attribues 8 points à « Privilégiant les résultats » (A) et 1 point à « Privilégiant les contacts humains » (B) ;
- Si tu coches le cercle 7/2, de la première alternative, tu attribues 7 points à « Privilégiant les résultats » (A) et 2 points à « Privilégiant les contacts humains » (B).

Réponds vite, spontanément et sans revenir en arrière.

	8/1	7/2	6/3	5/4	4/5	3/6	2/7	1/8		
A Privilégiant les résultats	○	○	○	○	○	○	○	○	Privilégiant les contacts humains	B
C Extraverti	○	○	○	○	○	○	○	○	Introverti	D
E Affectif	○	○	○	○	○	○	○	○	Rationnel	F
G Tourné vers l'action	○	○	○	○	○	○	○	○	Tourné vers la réflexion	H
I Prêt à la confrontation	○	○	○	○	○	○	○	○	Évitant les conflits	J
K Organisé	○	○	○	○	○	○	○	○	Spontané	L

Fais le total des points que tu as obtenus en fonction des propositions suivantes :

- A + G + I = Total M
- B + C + L = Total N
- D + E + J = Total O
- F + H + K = Total P

La somme de ces 4 totaux doit être égale à 54.

Ton résultat :

Majorité de M = *runner* rouge

Majorité de N = *runner* jaune

Majorité de O = *runner* vert

Majorité de P = runner bleu

Runner rouge

Ton monde c'est la vitesse. Tu sais décider, tu veux réussir, atteindre le sommet. Tu aimes la compétition, les défis, arriver en tête, te surpasser, atteindre des objectifs toujours plus haut, être challengé. Tu es concentré sur les résultats, tu aimes réaliser.

Si tu tombes ou échoues, tu te relèves immédiatement. Si ça n'est pas difficile, tu t'ennuies ! Tu es très exigent avec toi-même et donc… avec les autres aussi !

Autonome, dominant, fier de toi, ça ne va jamais assez vite pour toi. L'audace est ta compagne.

Tes courses préférées : rapides et avec des résultats concrets comme le 10 km, ou difficiles, comme le trail.

Tes pistes de progrès : la récupération, faire plus attention aux autres. Prends un peu le temps de récupérer, de souffler, c'est plus lent mais c'est nécessaire à tes prochaines actions et surtout à tes résultats. Attention, tu manques de rêves ! Pas facile de rêver car tu passes trop vite à l'action !

Runner jaune

Ton monde est un monde favorable où il fait bon vivre. C'est un monde d'énergie et d'enthousiasme, de convivialité et de partage.

Tu as besoin de communiquer, d'être aimé. Tu aimes convaincre et tu sais persuader, emmener, animer. Tu ne peux pas vivre, courir ou travailler seul.

Tu aimes le fun, le jeu, les découvertes, tu es curieux. Tu es très créatif, tu fourmilles d'idées. Ta compagnie est agréable, joyeuse et bavarde !

Tes courses préférées : jamais les mêmes ! Tu aimes changer. Pourvu que ce soit fun et que tu rencontres d'autres *runners*, tout te va. Ton rythme est varié.

Tes pistes de progrès : ton focus, tu as le droit à plusieurs courses à la fois, mais trop, c'est trop ! Essaie l'alternance ! Cesse de t'agiter et respire tranquillement, la récupération fait aussi partie de la course. Prends le temps de te retrouver et fait le tri !

Runner vert

Ton monde est un monde favorable où règnent la paix, la quiétude et l'harmonie.

Tu recherches le calme et la stabilité. Tu aimes aider les autres et être utile avant de penser à toi-même. Tu déteste le conflit, le changement, tu recherches l'équilibre.

Tu n'accordes pas facilement ta confiance, il faut t'apprivoiser.

Tu es fidèle et loyal ; ta force, c'est la persévérance.

Tes courses préférées : toutes les courses solidaires. Ton rythme est stable.

Tes pistes de progrès : courir TA course et t'inscrire plus souvent, ose plus ! Ça c'est ton vrai challenge !

Tu aimes rêver bien sûr, juste tu n'oses pas toujours rêver en grand : n'aie pas peur d'être un rêveur ambitieux.

Runner bleu

Ton monde est celui de la précision et du travail bien fait.

Tu sais orchestrer des projets très précis et très bien huilés. Ton niveau d'exigence est élevé. Tu peux sembler froid et distant, tu dissimules tes émotions. Tu es souvent en pleine réflexion et concentré pour trouver la bonne solution. Le fait de courir seul ne te pèse pas ; au contraire, tu as besoin de temps intérieurs. Tes qualités, ta précision, ton investissement te permettent de concevoir des processus précis et sur le long terme.

Tes courses préférées : longues, comme le marathon ; techniques, nécessitant une préparation hyper soignée ; tu aimes courir au chrono et suivre un protocole très précis.

Tes pistes de progrès : la détente, as-tu essayé de lâcher prise un peu plus souvent ? Un peu moins de contrôle !

L'excellence relationnelle

Pourquoi développer ses compétences relationnelles ?

Bonne raison #1 : nous ne sommes pas des fourmis, se connecter ne nous suffit pas pour communiquer ! La connexion est nécessaire, mais non suffisante. Chez les humains, la communication requiert quelques notions de base et, comme la course à pied, un peu de pratique.

Dans un monde idéal : je parle, tu écoutes et tu comprends !

Dans le monde réel : tu t'adresses toujours à quelqu'un (une personne, un public, une audience) avec une intention et parfois, un objectif. Le schéma est donc le suivant :

- Je TE parle. Je te fais savoir que je veux te parler, je vérifie que tu es disponible pour me recevoir, je fais un effort pour rendre mon propos clair, voire agréable.
- Tu M'écoutes. Tu te rends donc disponible pour moi : merci !
- Tu TENTES de me comprendre. Reformulation, questions, dialogue, échange sincère, empathie.

Bonne raison #2 : écouter, c'est voyager ; c'est agrandir ton univers en rencontrant l'autre. Léonard de Vinci disait même : « Écouter, c'est posséder outre le sien le cerveau des autres ». CQFD !

Bonne raison #3 : vie sociale, bonheur et longévité.

Le psychiatre Robert Waldinger, directeur d'une étude menée sur une période de 75 ans sur le développement de l'adulte, a tiré les conclusions d'un ensemble de données compilées sur le vrai bonheur et la satisfaction. En novembre 2015, son TedX (une conférence) à Beacon Street compta plus de 21 millions de vues ; il y posait la question suivante : quels sont les secrets pour vivre heureux et en bonne santé tout au long de sa vie ? Alors que la plupart des gens pensent à la célébrité ou à l'argent, Robert insiste sur la qualité des relations sociales : des relations sociales satisfaisantes sont excellentes pour la santé et le bonheur.

Voici une méthode simple que j'ai mise en place il y a presque 10 ans et qui m'a permis d'améliorer considérablement la qualité de toutes mes relations.

Voici la formule mathématique de l'excellence relationnelle = E^2A, E pour Écoute et Empathie, A pour Assertivité.

Le *big data*, ce sont les hommes et les femmes que tu vas rencontrer. Pleinement conscient de la richesse humaine, tu n'as pas peur des différences ; au contraire, tu la recherches, la provoques.

Curieux et confiant, tu gardes les yeux grands ouverts sur le monde. Tu as appris le premier secret de l'excellence relationnelle : l'Écoute. Tu pratiques quotidiennement l'écoute active. Autrement dit, quand tu parles avec quelqu'un, un véritable échange se crée. Tu aimes faire parler l'autre et tu prends le soin de te faire « entendre ». Tu cultives attentivement tes compétences en communication. Voyageur explorateur, tu ne vis pas ta relation à l'autre en touriste. Tu es sincèrement curieux de l'autre. Et surtout, tu sais rester à l'écoute. Car tu n'oublies jamais, que comme le dit François Jullien, le philosophe des transformations silencieuses, *La familiarité n'est pas la connaissance.*

L'excellent relationnel est un intelligent émotionnel. Tu as, fort heureusement, renoncé à découper le monde en cerveaux gauches et cerveaux droits. Tu sais qu'on ne laisse pas son cerveau émotionnel à la maison quand on arrive au bureau. Tu as appris que le deuxième secret de l'excellence relationnelle, l'Empathie, est une attitude très efficace, pour peu que l'on comprenne de quoi il s'agit et comment la pratiquer.

Face à l'émotion d'autrui, un « non éduqué émotionnel » a naturellement tendance à réagir par la logique (*Tu as tout pour aller bien !)* ou avec sa propre émotion (*Je fais tout pour que tu ailles bien !*), par le jugement ou encore, par la volonté de trouver une raison (*Pourquoi ressens tu cela ?)* ou une solution (*Tu devrais faire comme ça…)*.

Or, tu comprends que l'empathie ce n'est pas :

- se mettre à la place de l'autre,
- ni ressentir ce qu'il ressent,
- ni compatir (ça n'a jamais aidé quelqu'un de pleurer avec lui !),
- ni trouver à sa place une solution à son problème.

L'empathie, c'est comprendre avec son cerveau rationnel (la tête froide) l'état émotionnel de l'autre, sans le juger et surtout, sans mettre en doute sa réalité (sa vraie vie). En effet, quoi de plus réel pour un homme ou une femme que sa réalité émotionnelle présente ? Manifester sa compréhension de l'émotion d'autrui, l'accueillir dans une absolue bienveillance, reformuler à sa juste hauteur le ressenti de l'autre, voilà ce qu'est l'empathie. Tu as conscience que l'énergie créatrice vient de la passion et des émotions. Passionné, tu as appris à utiliser l'énergie qui vient des émotions, les tiennes et celles des autres. Tu n'as pas peur de te laisser guider. Tes émotions sont tes boussoles intérieures.

Résolument engagé dans une démarche construite et choisie de développement personnel, tu te perçois comme une ressource. Ton premier poste budgétaire d'investissement, c'est toi : tu as construit un dispositif pour acquérir de nouvelles compétences et développer tes forces, ton plein potentiel (*empower*). Tu consacres aussi du temps à tes équilibres personnels et nourris autant ta tête que ton corps et ton cœur.

Tu oses dire ce que tu penses, ce que tu ressens vraiment, tout en étant capable d'entendre une opinion différente, une émotion dérangeante. Sans confondre « chercher à avoir raison » avec « chercher à atteindre son objectif », tu encourages l'expression assertive de l'autre, tu sais entendre le désaccord. Être assertif, c'est adopter un ensemble d'attitudes pas toujours naturelles, qui construisent une posture globale positive et constructive :

- du tacite à l'explicite : clarifier pour échanger partager, construire ;
- oser dire sincèrement (ce qui ne veut pas dire tout balancer sans délicatesse !) ;
- oser entendre : être capable d'entendre et de gérer le retour (y compris la contradiction, l'émotion déclenchée par une critique…) ;
- respecter l'autre : il a le droit de ne pas être d'accord, de ne pas être satisfait, de ne pas comprendre, de ressentir une émotion qui lui est propre et dont je suis parfois à l'origine, volontairement ou pas, ce qui peut être gênant ou douloureux pour moi ;
- accepter l'altérité : un monde peuplé de clones serait ennuyeux ;
- être ouvert à 360° : alterner les phases d'écoute (extraversion) d'expression (introversion), de reformulation (ponts).

Pour être assertif, encore faut-il jouir d'une belle estime de soi, avoir la conviction que ce que l'on pense ou ressent vaut la peine d'être exprimé, avoir la confiance nécessaire en l'autre pour que son jugement ne soit pas trop déstabilisant, toxique ou émotionnellement chargé.

En te prononçant clairement, en affirmant tes positions, tes opinions, tes ressentis et donc aussi, tes peurs, tes doutes et tes incompréhensions, tu donnes une chance à l'autre de te comprendre vraiment, de savoir ce que tu veux sincèrement, d'identifier ce qui est important pour toi ; ce sont les clés de la compréhension et de la découverte d'autrui.

Pour aller plus loin

À découvrir :

– *Le grand livre de l'analyse transactionnelle*, France Brécard et Laurie Hawkes

– *Les quatre accords toltèques*, Don Miguel Ruiz

Inspiration : www.courirsavie.fr/video-secretdelalongevite

Mémo — courir « utile »

C'est fascinant comme on aime compiler des actions, faire plus de choses en en faisant plusieurs à la fois ! Je ne fais pas exception à la règle ; voici quelques idées de tout ce que tu peux faire en courant, en plus de courir ! Une motivation supplémentaire pour chausser tes baskets ?

- ☐ Passer du temps avec tes amis.
- ☐ Te faire de nouveaux amis.
- ☐ Suivre une formation.
- ☐ Apprendre des séries de mots dans une langue étrangère.
- ☐ Suivre un MOOC (ou formation en ligne ouverte à tous).
- ☐ Écouter un livre audio.
- ☐ Te transporter vers une destination.
- ☐ Écouter un Ted Talk (une conférence TED), une conférence inspirationnelle.
- ☐ Écouter un humoriste.
- ☐ Préparer ou répéter un pitch, une prise de parole.
- ☐ Travailler en groupe (tenir un comité de direction, une réunion d'équipe, relever un défi en équipe, partager une expérience).
- ☐ Préparer tes prochaines vacances.
- ☐ Structurer tes idées, créer un plan.
- ☐ Résoudre un problème en posant clairement la question (sans chercher de réponse, laisse venir).
- ☐ Rêver.
- ☐ Découvrir ton corps, en ressentir précisément chaque partie.
- ☐ Écouter de la musique.
- ☐ Méditer.
- ☐ Préparer et visualiser ta prochaine course chronométrée.
- ☐ Découvrir une ville, un quartier.

L'importance des mots

Ne dis plus

Si seulement…

Ça tombe toujours sur moi

Ça ne pourrait pas être pire – je t'assure que si !

Vivement que…

Ce n'est pas possible

Et si jamais…

Eux, on, les gens

Un jour…

Dis plutôt

Et si… ?

Pourquoi pas ?

Je, nous

Je veux

J'aime

CHAPITRE 3

La méthode des 4 temps

« Apprécie aujourd'hui et rêve demain
Dans les deux cas, tu souris à ta vie. »

Delphine Buisson

Je découvre la méthode

La méthode

Tu viens de vivre 12 semaines au rythme de quatre temps. Tu t'es mis en mouvement et tu as recréé du rythme dans ta vie. Bravo ! Cette rythmique fait écho aux quatre saisons et plus simplement, au cycle de la vie (enfance, adolescence, adulte, vieillesse). As-tu aimé ton programme ? Qu'as-tu ressenti ? Appris ? Et ensuite, vas-tu me dire, comment faire ?

Dans ce chapitre, tu vas découvrir la méthode des 4 temps et mettre en place les outils d'organisation nécessaires pour poursuivre et amplifier ton chemin d'évolution personnelle vers davantage de bien-être et de réussite.

Parfois, tu t'ennuies : vivement qu'on soit le week-end, que les vacances arrivent, que la journée soit finie, qu'il arrive, qu'elle s'en aille, qu'ils grandissent, etc. Tu voudrais accélérer le temps, le temps présent ne te satisfait pas ou bien tu voudrais déjà être dans le futur. Tu es impatient.

Parfois, tu soupires : j'en ai marre de courir, je voudrais que ça s'arrête, un petit moment au moins… je voudrais que ça aille moins vite. Tu es stressé.

Voici une énorme et fréquente confusion : la course n'est pas une question de vitesse. Autorise-moi à remettre un peu d'ordre et à te faire quelques propositions.

En revanche, la course, comme la vie, est toujours une question d'allure, de rythme, de fréquence, de formats et aussi de style.

Tu connais ton espérance de vie : environ 80 ans. Pourquoi être pressé, pressé d'arriver quand on connaît si bien la destination ? Pardon d'être désagréable, mais je te rappelle que nous sommes de passage ! Pourquoi ne pas essayer plutôt de profiter de chaque moment sur le chemin ? De chaque ligne d'arrivée, de chaque réalisation ou manifestation ?

Si tu sais pleinement apprécier aujourd'hui et que tu as de l'appétit, du désir pour demain, tu détiens déjà deux clés fondamentales pour vivre heureux.

Pour appliquer cette philosophie de vie, j'utilise **la méthode des quatre temps.** Elle me permet de gérer toutes mes courses, mes projets, mes équilibres personnels et relationnels, mes activités, mais aussi mes évolutions et mes progrès.

Je gère ma vie
comme une grande course,
faite de multiples
petits runs.

Je nourris mes 4 temps

Courir à 4 temps

C'est ma méthode de gestion de projets. Je l'utilise pour toutes mes courses, dans ma vie personnelle et mes vies professionnelles. C'est avec cette méthode que je surveille et gère mes équilibres. Et très souvent, quand je me sens moins bien dans l'une de mes courses, c'est que j'ai oublié de nourrir un des 4 temps.

1er temps : le temps de l'inspiration

J'ai besoin d'avoir envie, d'avoir des rêves. Sans désir, point d'élan ! C'est ce désir qui va donner de la puissance à mon action. Plus mon intention est précise et vivante, plus mon action sera orientée, inspirée et donc, puissante. Je l'appelle aussi le temps de l'enfance : l'enfant est ouvert, curieux et se nourrit de toutes ses découvertes pour construire sa représentation du monde, pour y trouver sa place. Tout est possible, tout est enthousiasmant. Souvent pourtant, peut-être pour tenter de le protéger, nous l'éduquons bien vite à la méfiance, au scepticisme, voire au cynisme : *arrête de rêver, reviens sur terre, ne te fais pas d'illusions, vivre c'est très sérieux* ! Quel gâchis ! Et si nous laissions aux enfants une chance de rêver leur vie et de la vivre vraiment ? Si nous cessions d'avoir peur pour eux ? Et si nous reprenions à l'âge adulte le cours de nos rêves pour mieux orienter le cours de notre vie et de nos actions ?

2e temps : le temps de l'audace et de la préparation

J'ai besoin de m'inscrire et d'avoir des rendez-vous, des projets en perspective. C'est ce qui rend mon futur désirable. Le principe est simple, je m'inscris, puis je me prépare, dans cet ordre ! Une vie sans projets, autrement dit sans lignes de départ, est une vie bien morne.

3e temps : le temps de la réalisation

C'est le temps de la course à proprement parler, le temps de l'action. J'ai besoin d'œuvrer, de réaliser, de faire et d'accomplir, loin de la procrastination. J'ai besoin que mes intentions se manifestent dans la réalité. Dans l'action, je m'éprouve, j'éprouve. Grâce aux sensations éprouvées, l'expérience enseigne. C'est en courant qu'on apprend à courir, en aimant qu'on apprend à aimer, en étant parent qu'on apprend à devenir parent.

4e temps : le temps de la transformation

Enfin, j'ai besoin de me ressourcer, de « me refaire », de récupérer, de me reposer et de tirer des enseignements des actions et des projets que j'ai menés à leur terme, parfois avec succès, parfois sans : échouer, se tromper fait partie du chemin. J'accepte volontiers d'échouer, car j'en tire des enseignements. Les contrastes vécus me renseignent sur mes préférences, je peux ainsi repartir sur d'autres projets, différents ou mieux choisis !

Chaque fois que je me sens moins bien, je reviens aux 4 temps :

- Quelles sont les courses auxquelles je participe en ce moment ? À quel kilomètre en suis-je ? Suis-je bien dans ma course ? Est-ce que je sais encore pourquoi je suis en train de courir ? Quel est l'objectif que je poursuis ? La ligne d'arrivée est-elle précise dans mon esprit ? Pour ne pas se décourager, il est important de savoir pourquoi on court, pour quoi on court, vers quoi on court et à quelle distance de l'arrivée on se situe !
- De quoi ai-je envie ? Qu'est-ce qui me fait rêver totalement, que je n'oserais même pas imaginer faire ? Quels sont mes prochains défis, mes rendez-vous avec moi-même ? Avec les autres ?
- Enfin, ai-je bien inscrit sur l'agenda mes temps de pause et de récupération ?

Tu peux utiliser les pages de notes situées en fin d'ouvrage (à partir de la page 221) pour répondre aux questions.

À chaque étape des 4 temps, tu vas éprouver des émotions différentes qui vont s'enchaîner. C'est ce que j'appelle le voyage émotionnel du coureur. Souvent, nous avons nos préférences : fais-tu partie des personnes qui rêvent beaucoup, mais qui peinent à s'inscrire par peur ou manque d'audace ? Fais-tu partie des personnes qui œuvrent et agissent beaucoup (les hyperactifs !), mais qui oublient parfois de s'arrêter pour récupérer ou tout simplement rêver ? Nous avons besoin de suivre alternativement les voies de la pensée rêveuse et de l'action inspirée pour conduire des vies épanouissantes.

Regarde le schéma ci-dessous pour voir où tu te situes.

Promesse →	Inscription prendre RDV →	Ligne de départ →	La course →	Ligne d'arrivée →	Récup
Désir	*Audace*	*Peur & excitation*	*Flow & Down*	*Swag anyway*	*Running blues & Re-création*

L'agenda à plat vision 365

C'est fondamental pour moi d'avoir une vision globale de mon temps de vie sur une année. Je n'ai pas trouvé encore d'outil qui m'aide à avoir cette vision « à plat », celle qui me permet d'équilibrer mon temps, mes rythmes et de gérer toutes mes courses. J'ai une seule fois 365 jours dans ma vie, par conséquent je n'ai qu'un seul agenda. Pas un agenda pro ET un agenda perso.

J'y inscris aussi bien mes rendez-vous professionnels que mes ceux avec mes enfants, mes amis, mon chéri. J'ai un code couleur pour chaque type de course et je suis attentive à ce que chacune d'elles comporte bien les 4 temps : du désir, des projets, des réalisations en cours et des temps posés, *off*, où l'on souffle, on savoure, on « refait le match » et on tire le bilan.

D'ailleurs, c'est important que les gens qui comptent dans ma vie sachent qu'ils sont inscrits dans mon calendrier, ça veut dire que je prévois de passer du temps avec eux ! Nous prenons rendez-vous. Cela peut paraître peu romantique, mais c'est extrêmement efficace et cela permet d'être exhaustif. Si je te demande quelles sont les personnes qui comptent le plus dans ta vie aujourd'hui, tu sais exactement quoi me répondre : tes enfants, ton compagnon de vie, ton frère, ta sœur… Si je te demande maintenant de regarder ton agenda et de constater quelle place tu leur fais dans ton agenda, sans doute tu me diras : *pas assez* !

J'entends trop souvent : ce qui compte, c'est la qualité du temps passé. Oui, sans doute. Mais pas que. Il me semble que la fréquence est une notion forte utile à intégrer : quelle est la fréquence, quels sont les formats qui font que je me sens bien à l'intérieur d'une relation et que l'autre s'y sent bien également ? Pour que cette relation soit vivante, stimulante, dynamique, combien de fois nous voyons-nous et pour faire quoi ? Il n'y a rien de plus déprimant que de devenir une habitude ou un acquis pour l'autre : être toujours disponible n'a aucune valeur. L'idée n'est pas de se faire rare par coquetterie ou par manipulation. L'idée, à l'inverse, est de penser ou plutôt de sentir la relation tant dans son intention (pourquoi sommes-nous ensemble ?) que dans son contenu, ses rythmes et ses formats.

Mon calendrier

Ouvre un calendrier 365 jours à plat. Tu peux y inscrire tes rendez-vous et tes projets pour chacune de tes courses et utilise un code couleur pour rythmer chacun de tes projets. Par exemple, si tu travailles ta vie de couple, qu'as-tu envie de vivre avec ton chéri ? Qu'est-ce qui te ferait vibrer ? À quel moment en parlez-vous ? Que vivez-vous ensemble qui vous inspire le désir d'avoir un nouveau projet commun ? À quoi devez-vous vous inscrire pour le réaliser ?...

Aussi, n'hésite pas à associer une couleur aux différents temps de la méthode, par exemple :

– jaune pour le temps 1, celui de l'inspiration ;

– bleu pour l'audace ;

– rouge pour le temps de la réalisation ;

– et vert pour celui de la transformation.

Que souhaites-tu mettre en avant dans ton calendrier ? Quel est ton(tes) projet(s) ?

Je gère
ma vie
autrement

Gestion du temps : dessine ta vie rêvée, idéale

L'alternance : du temps pour moi, du temps pour autrui

Option 100 % du temps pour moi : si je ne donne rien aux autres, on s'habitue à vivre sans moi. Je risque de finir tout seul !

Option 100 % du temps pour les autres : je n'existe plus, je me dissous, je me dilue. Je me sens envahi, « pompé », las. Je sers de ressources pour les autres, mais je n'ai pas le temps de me ressourcer moi-même. À un moment donné, fatalement, mes ressources sont épuisées. Et le deuxième effet *Kiss Cool*, c'est qu'une fois que j'ai tout donné, je deviens moins attractif. Je ne me régénère plus, donc je n'ai plus rien de neuf à offrir. On me connaît par cœur – quelle terrible expression !

Option gagnante : 50 % de temps pour toi, 50 % de temps pour les autres. C'est une première répartition simple à mémoriser. Observe ensuite où cela te conduit et ajuste les pourcentages.

Soigner les transitions

On a une furieuse tendance, pour ne pas perdre de temps sans doute, à enchaîner les segments de temps sans transition. Tu te lèves et tu consultes tes mails ou ton fil d'actualités, tu réveilles la maison et tu lances le chronomètre jusqu'à déposer ton enfant à l'école (parfois même en consultant tes mails : une main pour le petit, l'autre pour ton smartphone !). Tu commences à travailler dans le taxi, le métro ou ta voiture, tu arrives au travail et tu ouvres tout de suite tes mails, en ayant à peine pris le temps de saluer tes pairs et ainsi de suite.... Tu rentres du travail comme un fou et tu reprends ta casquette de parent ou de conjoint, sans aucune transition. C'est flippant et ça donne souvent lieu à des incompréhensions immenses : je rentre vite à la maison pensant te faire plaisir et toi tu me balances un « *Tiens, t'es déjà rentré, ça change* ! », « *Et encore de bonne humeur à ce que je vois ! C'est vrai, j'oubliais, la bonne humeur tu la gardes pour tes collègues de travail !* »...

La bonne idée consiste donc à organiser des sas, de courts moments de transition entre chaque segment de journée. Cela permet de :

- revenir au calme ;
- revenir à un état de pleine conscience ;
- clarifier l'intention du moment de vie suivant ;
- et donc, de te préparer à vivre le meilleur du temps qui vient.

Les transitions, c'est un peu comme les préliminaires en amour : délicieux et fortement recommandés !

Les temps nouveaux : technologique et logistique

Habitués déjà à des standards technologiques, nous vivons comme si nos ordinateurs, nos smartphones, nos tablettes et bientôt, nos objets connectés fonctionnaient sans intervention de notre part. Or, il faut bien les acquérir, les paramétrer, les nettoyer, les mettre à jour, les entretenir, les changer... Même si les *Clouds*, heureux détenteurs de nos données personnelles, nous facilitent la vie, nous consacrons beaucoup de temps à la technique !

Nos modes de vie sont plus mobiles. Les capitales européennes accueillent nos week-ends comme des villages voisins. Toute la famille, décomposée, recomposée, vadrouille allègrement en avion, train, ou Blablacar®. En dépit d'une facilitation certaine liée aux plateformes disruptives de services et de mise en relation, il n'en reste pas moins que l'organisation logistique consomme de notre temps ! Les vacances à peine finies, on songe déjà au prochain séjour : c'en serait presque fatigant. Qu'il est bon parfois de pratiquer le *hygge*, l'art de vivre à la danoise, et de profiter de son *Home Sweet Home* : couper tous les portables, la télé, la radio

– bref, toutes les intrusions mentales –, et simplement profiter de la maison que l'on s'efforce de rendre jolie et confortable, regarder sa famille, jouer, faire la cuisine ensemble, lire un bon bouquin juste pour soi ou à voix haute, écouter de la musique sans rien faire d'autre, s'asseoir au bord de la fenêtre ou au coin du feu et discuter…

L'utopie d'accélération : le temps de la relation et de l'éducation

Pris dans l'accélération technologique, nous oublions parfois que la relation ne se gère pas en un clic. S'il est vrai que les rencontres peuvent, grâce aux technologies, se faire bien plus rapidement, se découvrir, s'apprivoiser, éduquer un enfant, enseigner, apprendre, faire l'amour, se caresser, s'embrasser, déjeuner avec un ami, jouer, consoler, rire, chercher, découvrir, en revanche, prennent bien davantage de temps.

J'adore utiliser les nouveaux outils d'organisation et je ne cherche pas à me passer de technologie. Cependant, ma vie ne peut en aucun cas être régie par elle.

C'était quand la dernière fois que tu as quitté ton domicile sans ton téléphone ? Éteint tous les écrans de la maison ? Pris un repas sans notification ni sonnerie ? Dans le fond, une fois que tous tes êtres chers sont auprès de toi, de quoi as-tu besoin ? Crée ta bulle. Tu sais bien que ton attention ne peut se porter à la fois sur un écran et sur un être vivant (sauf si tu es en train de noter ce que cette personne est en train de te dire !). Garde ton attention pour le vivant, pour l'être cher. Pourquoi ne pas créer des rituels ZERO DEVICE-ZERO WIFI pour éviter la tentation, les négociations interminables et les frictions ? Bientôt, ce sont les enfants qui te réclameront ces temps de pleine présence !

Et les surprises, dans tout ça ?

Tu vas me dire, quand on est aussi organisé, y a-t-il encore de la place pour les surprises ? Je te répondrai que la surprise est affaire de réception, d'accueil. Souvent préoccupé par la volonté de bien faire et de faire beaucoup, d'être présent pour tous, la culpabilité de ne pas passer assez de temps avec untel ou unetelle, ton esprit n'est absolument pas disposé à accueillir les surprises qui se présentent.

Vivre une vie délibérée, dont tu choisis les formats et les contenus, t'apporte au contraire, la plénitude, la sérénité et la vitalité nécessaires à l'accueil du surprenant, de l'impromptu, de l'inconnu ou de la chance.

Pour aller plus loin

Découvre : www.courirsavie.fr/video-Les4SecretsdelaChance

Ma vie rêvée

Voici un exercice très utile pour faire émerger les priorités, choisir les formats et les rythmes avec lesquels tu te sens bien. Fais deux fois l'exercice pour chacune de tes courses.

Tous les jours, j'ai besoin de...

Tu peux apporter une précision sur le matin et le soir.

Chaque semaine, j'ai besoin de...

Chaque week-end, j'ai besoin de...

Chaque mois, j'ai besoin de...

Une fois par trimestre, j'ai besoin de...

Deux fois par an, j'ai besoin de...

Chaque année, j'ai besoin de...

Mes intentions, mes inspirations

Ce dont j'ai envie, ce qui m'inspire dans ma relation parent-enfant

JE suis le parent

Intentions générales et particulières pour chacun de tes enfants.

JE suis l'enfant

Ce dont j'ai envie dans ma relation de couple

Ce dont j'ai envie dans mes relations sociales (famille, voisin, amis...)

Ce dont j'ai envie dans mes relations de travail (patron, collègues, équipes...)

Je reste attentif
à ce que je laisse
entrer dans ma tête,
dans mon corps,
dans ma maison
et dans ma vie.
Je ne suis ni méfiant
ni prudent,
juste inspiré.

Temps n° 1 : S'inspirer

« Qui ne sait pas vers quel port il doit tendre n'a pas de vent qui lui soit favorable. »

Sénèque

Le temps du désir

Tu as forcément rencontré un professeur qui t'a marqué davantage que les autres par son charisme, sa bienveillance, son exigence à ton égard, sa capacité à te pousser et finalement, à te révéler. Je me rappelle ce professeur d'espagnol, petit brin de femme très énergique qui nous racontait ses voyages en Amérique du Sud à la fin du cours. Elle nous relata notamment ses péripéties dans la forêt amazonienne de Colombie. Je l'écoutais, fascinée, adolescente née dans un petit village où tout le monde se connaissait, tentée de mener des aventures semblables de par le monde, quand je serai plus grande. Quand l'occasion se présenta, je la repérai aussitôt : parmi les écoles de commerce auxquelles je prétendais, l'une d'entre elles proposait un échange avec l'université de Bogota, ce qui était fort rare à l'époque. Je sautai sur l'occasion et un bonheur n'arrivant jamais seul, ce fut ce même professeur d'espagnol qui me fit passer l'entretien d'entrée. L'excellente note soutenue par ce projet d'échange acheva de le séduire.

T'es-tu déjà amusé à retracer le cheminement d'un rêve transformé ? Il est aisé de repérer alors le rôle fondamental joué par ce premier temps dans toute course :

l'inspiration. Dali disait : « Regarder, c'est inventer ». C'est parce que je m'inspire, que je m'ouvre, que l'intention, le rêve, le désir de faire, de vivre, d'obtenir ou de réaliser quelque chose émergent. La puissance de l'intention se traduit dans l'action qui suit. Plus qu'une action banale, je deviens auteur et réalisateur d'actions inspirées. L'inspiration, c'est l'arc. L'action, c'est la flèche. Plus mon arc est précisément orienté, tendu, avec un angle parfait, plus la trajectoire de la flèche sera limpide, fluide et atteindra son but.

Tu l'as bien compris, pour passer du rêve à la réalité, encore faut-il avoir des rêves !

Comment expliquer que l'on arrête de rêver à un moment donné de sa vie ? Quelle curieuse et mauvaise habitude de dire à nos enfants : « Arrête de rêver ! Travaille dur plutôt ! ». Je trouve, moi, qu'on ne rêve pas assez, pas assez souvent. Parfois on n'ose plus, soucieux de ne pas en demander plus, ou par superstition : *si j'ose rêver davantage, est-ce que ça ne va pas me porter malchance ? À force de trop vouloir, ne vais-je pas finir par perdre ce que j'ai déjà* ? J'entends aussi parfois : « Moi, je ne m'attends à rien ; comme ça, je n'ai pas de mauvaises surprises ». Ni de bonnes, ai-je envie d'ajouter !

Rêver ne s'oppose pas à la réalité. Rêver prépare ta réalité. Oriente tes pensées, choisis de t'inspirer avant d'agir !

Pendant mes conférences ou mes ateliers, je propose aux participants de s'entraîner à formuler leurs rêves : qu'avez-vous encore à vivre ? Qu'est-ce qui vous fait envie ? Pour les aider, j'ai ouvert une immense boîte à rêves, capable d'en recueillir à l'infini : une ligne téléphonique dédiée aux rêves. Par SMS, chacun peut y déposer anonymement son ou ses rêves. J'adore ces moments où ces textos arrivent par dizaines, par centaines, provoquant un joli bruit de « notifications clochettes ». Il arrive parfois que la boîte à rêves réponde, mais toujours, l'anonymat est respecté.

Et que fais-je de tous ces rêves, vas-tu me dire ? Je ne sais pas qui écrit et je ne garde pas en mémoire les numéros de téléphone. En revanche, j'accroche tous ces rêves sur un arbre constitué de plusieurs branches, chacune représentant une grande typologie de rêves. À ce jour, et parmi tous les gens que j'ai rencontrés, sept grands types de rêves reviennent : on rêve tous d'apprendre – de redevenir élève –, d'explorer un lieu ou un pays, de créer (un jardin, une entreprise, un film, un livre…), de réaliser un défi, d'aider ou d'enseigner, de s'offrir quelque chose. On rêve enfin de vivre mieux, d'opter pour un style de vie différent, mieux rythmé, de passer plus de temps avec ceux que l'on aime.

Et toi, à quoi rêves-tu ? Qu'est-ce qui t'inspire ? Qu'est-ce qui t'appelle ?

Tu peux, si tu le souhaites, envoyer ton rêve à la boîte à rêves au 07 69 79 26 90. L'arbre à rêves va grandir encore !

Comment naissent nos rêves ?

Nos rêves prennent racine dans l'inspiration, dans l'oxygénation. Ils naissent dans l'envie qui va provoquer l'élan. Je m'ouvre, j'ai envie. Inspiré, j'aspire, puis je m'inscris.

Aucun rêve ne se construit en restant seul et fermé. Tu as accès à une multitude de vies ou d'expériences inspirantes à travers des livres, des vidéos ou, plus simplement, des rencontres. Nourrir le temps n° 1 est d'une importance vitale. La bonne nouvelle, c'est que par ton ouverture sur le monde, les nouvelles rencontres, tes nouveaux apprentissages, tu as l'entière responsabilité de devenir un être inspiré. Tous les « héros » ont été inspirés avant d'agir. Fréquente des champions, tes champions, écoute-les sur YouTube®, suis-les sur Instagram®. Ma fille, qui adore les séries, s'est inscrite récemment à une masterclass en ligne donnée par une de ses scénaristes préférées. C'est très motivant de connaître l'histoire, les valeurs et les méthodes d'un être qui t'inspire.

S'inspirer, verbe pronominal, est un acte volontaire.

Évidemment, l'inspiration peut me saisir. Je peux en sentir l'impulsion alors que je ne m'y attendais pas. Toutefois, régulièrement, je m'organise pour partir à sa recherche. Je m'ouvre. Je suis attentive à mes émotions positives, à ce qui me fait rire, à ce qui m'émerveille, me touche. La graine semée, je n'entends pas rester spectatrice et j'aspire, moi aussi, à devenir réalisatrice. Et me voici prête à m'inscrire, ce moment d'audace entre l'excitation et la peur, qui préfigure le temps n° 2.

Avec qui partages-tu tes rêves ?

Tu as rencontré des provocateurs, ces gens qui t'invitent dans leur course plus qu'ils ne t'aident à courir la tienne. En parlant de ton rêve, tu vas rencontrer plusieurs types de personnes : les décourageurs ; les inquiets ; les sceptiques ; les copieurs ; les conseilleurs (qui ne sont pas les payeurs)...

Il te faudra identifier tes PP, ceux que j'appelle tes « Pourquoi Pas » (voir p. 184), toutes les personnes qui ont une attention particulière envers toi et qui font preuve de bienveillance. Ce sont eux qu'il faut fréquenter régulièrement, ils t'aideront à ne pas perdre la foi. Ils te donneront du courage.

Pour passer du rêve à la réalité,
encore faut-il avoir des rêves !
La puissance de ton action
est directement proportionnelle
à la puissance, à la clarté
de ton intention.

Mes modèles

À qui voudrais-tu ressembler ? Qui sont tes idoles, tes modèles ? Parmi tous ces coureurs de la vie que tu fréquentes sans les observer vraiment parfois – famille, amis, relations, professeurs –, lequel vit une trajectoire inspirante, qui te donne envie de courir à ton tour ? Qui éveille chez toi une émotion suffisamment forte pour provoquer un irrésistible élan, vers ta propre course ?

Je passe

à l'action,

j'incarne

mon rêve

Temps n° 2 : S'inscrire

« L'audace, ça commence toujours par un désir ou un rêve. »

Oser courir sa vie, Delphine Buisson

Le temps de l'audace

L'inspiration est passée. La graine de rêve a été semée. L'idée a germé. L'envie a grandi. Il est temps pour le rêve de s'incarner. C'est le moment de passer à l'action. J'ai envie de courir. Les jambes me démangent. Je veux maintenant que ce désir, cette idée dans ma tête se concrétisent. J'ai besoin que mon rêve se manifeste. Pour cela, rien de plus simple que de passer à l'acte.

« Ne rien tenter, c'est déjà échouer », disait Eisenhower. « Le succès fut toujours un enfant de l'audace », selon Voltaire. Quelques mots et tout est dit, ou presque, des vertus de l'audace. L'audace a quelque chose à voir avec l'élan, le mouvement de l'âme qui pousse à des actions extraordinaires, et donc, avec la vie. Cela signifie que sans audace, point de futur désirable. J'aime dire que le présent surtout appartient aux audacieux et aux audacieuses.

La pensée audacieuse fait frémir. Frissons de peur et de désir se mêlent. Le passage à l'acte donne un sentiment de libération, de puissance et de détermination. Indépendamment des résultats escomptés, le verbe « oser », un verbe d'action, porte en lui-même sa dynamique vertueuse. Ose et déjà, tu te sens mieux. Chausse les baskets et la sensation de bien-être, liée au contentement de toi-même, apparaît immédiatement. Même l'incertitude de la suite ne parvient pas à minimiser ce sentiment intense provoqué par l'action : cliquer, s'inscrire, se lancer, se déclarer, oser dire « non », oser dire « oui », oser changer, oser apprendre, oser dire « Je ne connais pas la réponse », oser réclamer, oser t'écouter et t'autoriser à ressentir, oser créer, recréer et aimer.

Comment arrêter d'avoir peur de ne pas y arriver, de ne pas être capable, de se tromper, d'être jugé, de ne plus être aimé ? C'est dans la sueur que je dissous mes peurs. Toujours, derrière l'acte d'audace, se cachent les surprises. Elles ne seront pas toutes bonnes, mais elles seront toutes miennes, puisque j'aurai choisi. Là est la grande différence : l'audacieux ne subit pas, il choisit. *Lifestyle*. Et en cas d'échec, j'aurais appris. Et je pourrai tenter à nouveau, me donner une autre chance de réussir.

Repère les « Pourquoi Pas » et fréquente-les assidûment

Ça ne t'a pas échappé, nous croisons dans notre vie deux catégories de personnes : les « Pourquoi Pas » et les « Pas Possible ». Les « Pas Possible », quoi que tu entreprennes, ils passent du temps – beaucoup de temps ! – à t'expliquer, consciencieusement, que ça ne marchera pas et les raisons pour cela : *Tu n'auras jamais le temps de t'entraîner ; avec tes 5 kg en trop, tu vas arriver la dernière, c'est ridicule* ; *toutes ces femmes ensemble, c'est pas un peu malsain* ? *Tu perds ton temps* ; *Ne change rien, c'est mieux ainsi.*

J'ai personnellement rencontré des « Pas Possible » à trois reprises au moins dans ma vie : en 1989, la conseillère d'orientation du lycée m'a longuement expliqué que je n'avais pas le profil pour suivre une classe préparatoire et entrer dans une grande école. Un an plus tard, j'entrais au Lycée Michel Montaigne à Bordeaux où j'ai passé deux années magnifiques. J'ai ensuite intégré l'ICN Business School qui m'a permis d'étudier en Amérique du Sud. En 2009, un médecin du sport, alors que je lui demandais un conseil pour mon genou douloureux après un trail, a décrété sans délicatesse que je n'étais pas faite pour le running. Trop grande, trop lourde, je n'avais pas un physique de coureuse. Il m'a conseillé d'abandonner. La même année, j'ai couru le marathon de New York, puis celui de Paris. J'ai participé au stage de reconnaissance de l'UTMB (le Sommet mondial du trail) l'été suivant.

En 2010, récemment divorcée, sans emploi, enceinte de mon troisième enfant, on me prédit une vie petite et médiocre, privée d'amour – 40 ans et un bébé, bonne chance ! –, d'argent et de réussite. Et puis mes enfants échoueront dans la vie, c'est sûr. Il faut me préparer à survivre et apprendre à m'en contenter.

Les « Pas Possible » sont des ennemis de l'audace. Ils construisent des murs d'objections raisonnables. Ils sont très faciles à repérer : après avoir échangé avec eux, tu te sens généralement mal et inutile, moche et nulle, un brin coupable. Fuis-les sans hésitation. À bien y regarder, ce sont d'ailleurs rarement des pratiquants de l'audace. Leur vie ne fait pas envie, n'a rien de remarquable. Contrairement aux audacieux qui eux, partagent volontiers leurs succès autant que leurs mésaventures.

Les « Pourquoi Pas » sont des personnes merveilleuses, les cultivateurs d'audace. Le « Pourquoi Pas » est une personne qui te consacre une attention particulière. Parce qu'il t'observe et s'intéresse sincèrement à toi, il identifie ton potentiel. Il repère aussi tes freins sans complaisance, mais avec une grande bienveillance. Personne n'est parfait. Et c'est heureux ! Le « Pourquoi Pas » te consacre du temps de qualité. Un regard suffit parfois. Il t'invite non pas dans sa course, mais dans la tienne. Le « Pourquoi Pas » est une personne qui croit en toi et qui nourrit une confiance que tu n'as pas (encore) en toi-même. Il te donne la possibilité de tout entreprendre.

Tu l'as compris, nous sommes souvent nos propres PP : je suis régulièrement mon premier « Pas Possible ». Alors, comment faire pour devenir plus souvent, mon propre « Pourquoi Pas » ?

1– Écoute tes désirs (le 1er temps)

Qu'est-ce qui te fait envie ? Inspire-toi, stimule ta capacité à rêver, rencontre tes champions. Et si la plus grande des audaces, c'était de t'autoriser à rêver ? Décris ton rêve, consacre du temps à lui donner une forme par des mots, des dessins ou des images. Et inscris-le dans le temps : pose trois croix sur le calendrier : une pour Je m'inscris, une autre pour la ligne de départ et une dernière pour la ligne d'arrivée.

Le premier pas, c'est toujours de s'inscrire et de le dire pour ne pas rester seul avec ses rêves.

Si tu tiens absolument à te poser des questions, pose-toi celles-ci : quel est le risque réel à m'engager ? Et si je m'engage, que je le dis et le fais, que peut-il se passer de terrible ? Suis-je prêt à vivre avec les regrets de ne pas avoir tenté et de ne jamais savoir si j'en étais capable ?

Plus je fais, plus je cours, plus je m'éprouve. Je démontre, à moi-même avant tout, que je suis capable. À mesure que je remplis ma boîte à médailles (voir page 88), mon réservoir de confiance et d'estime se remplit aussi. Mieux, je construis mon référentiel de progrès : j'ai déjà réussi, je sais mettre en place mes stratégies de succès, j'affine mes objectifs en fonction de mes désirs, je cherche à aller plus loin ou à explorer d'autres courses.

Une astuce : aujourd'hui est toujours une excellente date pour démarrer quelque chose. Je réserve la baby-sitter et je passe la soirée avec cet inconnu rencontré sur Internet, je pose une RTT rien que pour moi, je travaille mon profil LinkedIn® avec un coach, je m'inscris à un programme de formation, je demande un entretien à mon boss pour réclamer ce super poste, j'invite belle-maman à déjeuner pour lui parler vraiment (sans les enfants et sans son fils), je rappelle ma copine et je lui dis qu'elle me manque, je m'inscris à la course *La Parisienne*. Rappelle-toi, il n'y a pas de petites audaces.

2– Pratique l'audace

Comment passer du rêve à la réalité ? Je n'ai pas trouvé d'autre moyen de vivre une vie accomplie et heureuse : je l'entreprends. Je suis devenue une pratiquante de l'audace. Je dis bien « devenue pratiquante », car on pense souvent que l'audace est une disposition de l'esprit, un don de naissance, voire un trait de caractère. C'est sans doute parfois le cas, mais l'audace est avant tout une affaire de pratique. Avoir réalisé un exploit un jour, c'est formidable. Pourquoi s'arrêter en si bon chemin ?

Pourquoi ne pas se réinscrire à la course suivante, sitôt la ligne d'arrivée franchie et surfer sur la vague de la joie ? L'audace, comme toute attitude positive, réclame son quota d'entraînement. Un peu chaque jour, un peu chaque semaine, un peu chaque année. Il faut s'entraîner à l'audace pour en percevoir les mécanismes et en récolter les fruits. Culot, témérité, insolence, désobéissance. C'est bien parce que j'ose faire, faire différemment, faire autre chose, expérimenter et vivre, que je suis en mesure ensuite d'oser dire : *je vœux*, d'oser dire *non*. En osant, je précise qui je suis, ce que j'aime, ce qui me déplaît, ce qui me rend heureuse. Ou pas. *En osant, je deviens moi*, plus confiante et plus aimable, une personne à aimer. L'audace fait partie de mon calendrier et de ma vie.

3– L'audace a mille visages : choisis les tiens

Le héros, c'est toi et personne d'autre. Remets-toi au centre de ton scénario de vie et choisis. L'audace, c'est entreprendre quelque chose d'extraordinaire pour soi. Quand j'étais enfant, prendre la parole en classe relevait pour moi d'un effort surhumain. Ne laisse personne juger ton audace. L'acte audacieux est personnel : ton audace, parce qu'elle est la tienne, sera formidable. Commence par un acte minuscule, mais qui te rend fier. Note bien ce sentiment délicieux dans ton cœur – encore mieux, dans ta boîte à médailles (voir page 88). Si tu n'en a pas, ouvres-en une sans attendre ! Je ne sais pas pourquoi, mais nous avons une curieuse tendance à minimiser nos réalisations : puisque je l'ai fait, ça ne devait pas être si difficile. Fi de la modestie ! Célébrons sans complexe nos réussites. Congratulons-nous bruyamment. Sortons plus souvent les médailles de la boîte !

Si nous ne le faisons pas pour nous-mêmes, nous avons après tout, la responsabilité d'inspirer nos enfants, nos sœurs, le monde. Et il nous appartient de rendre fiers nos parents, nos compagnons et tous les gens qui aiment nous voir bien dans nos baskets simplement parce qu'ils nous aiment.

Je réalise

pour me

réaliser

Temps n° 3 : Réaliser sa course

« Ce n'est pas parce que c'est difficile que nous n'osons pas, c'est parce que nous n'osons pas que c'est difficile. »

Sénèque

Le temps de la course

S'aligner au départ d'une course est déjà un morceau de victoire : tu es au rendez-vous. Tu cultives ton auto-fiabilité : tu peux te faire confiance. Le jour du départ est toujours un rendez-vous avec soi-même. Aller au bout, finir, accomplir, c'est ce qui permet de s'étalonner, de créer son référentiel de performance et d'ambitions. Réalise pour te réaliser. Vis des temps forts et des temps creux. Le contraste fait partie de ta course. Embrasse-le sans inquiétude ni peur, car il t'en apprend sur toi, ton potentiel, tes préférences et tes futurs désirs.

La *Finish Line*

Chaque ligne d'arrivée me replace sur une nouvelle ligne de départ. Augmentée de ma réalisation, je nourris ma confiance en moi. Enrichie de mon expérience et de mes apprentissages, je me demande : *Aller plus loin, courir différemment, courir ailleurs, avec de nouveaux compagnons de course* ?

Qu'est-ce que m'a appris la réalisation de ma dernière course ?

Je prends

du temps

pour moi

et choisis

Temps n° 4 : (Se)transformer

« Ce que nous faisons est important.
Ce que nous en faisons l'est tout autant ! »

Delphine Buisson

Le temps de la récupération

Déjà au collège, mon professeur de français-latin adoré nous disait : « Seule l'expérience enseigne ». Je n'avais pas compris alors qu'il nous invitait à vivre, à embrasser notre existence et à nous engager. Les mots se posent ensuite sur l'expérience pour tirer les leçons des kilomètres parcourus ; il s'agit de te servir de ce que tu as vécu pour décider de ce que tu as envie de vivre. Par contraste, prolongation ou amplification, ton passé est ton matériau de construction. À partir des contrastes vécus, tu as identifié tes préférences, tes désirs, mais aussi tout ce dont tu ne veux absolument plus dans ta vie. Te voici donc en excellente position de choisir la suite de ton parcours.

Le quatrième temps de la course est souvent un temps que l'on oublie de prendre pour souffler entre deux moments de vie, pour penser à soi, réfléchir sur soi, choisir de se choisir avant tout et ainsi, ne pas refaire ainsi les mêmes erreurs ou plus exactement, ne pas revivre les mêmes expériences douloureuses. Si les deuxième et troisième temps sont dédiés à l'action, le premier et le quatrième sont des temps d'introspection, de méditation. C'est pourquoi j'appelle aussi ce dernier le temps de la récupération. Tous les *runners* le disent : la récupération fait partie intégrante de l'entraînement. Les kilomètres parcourus, autrement dit notre expérience, nous font grandir et nous « augmentent », à condition de prendre ce temps de transformation. J'ai couru, qu'ai-je appris ? Je « récupère », certes, mes forces et mon énergie, mais pas seulement. Je récupère aussi de l'apprentissage et des enseignements de ce que j'ai vécu. Quand je convertis les kilomètres en apprentissage, je deviens plus lucide, plus confiant et aussi plus fort. Le quatrième temps est un temps dédié à la transformation.

C'est souvent là que se joue la réussite ou, plus exactement, le sentiment de réussite, et non pas sur la ligne d'arrivée, à la fin du troisième temps.

Récupérer, (se)transformer et transmettre : inspirer, devenir un être inspirant

Quand tu es attentif au quatrième temps, tu autorises ta propre évolution bien sûr, mais tu rends aussi service à autrui. En devenant meilleur, tu sers mieux les autres : un être aligné dans ses inspirations et ses réalisations est mille fois plus puissant qu'un coureur qui s'oublie, se disperse, se diminue voire, cesse de courir.

Par ailleurs, en devenant vraiment toi, il est inévitable que tu sois inspirant pour ceux qui te fréquentent. À ton contact, par ton exemple, par ta trajectoire, tu donnes envie, tu appelles l'autre à devenir une meilleure version de lui-même : pas la personne conforme à ce que tu souhaites qu'elle devienne, non, mais bien la personne qu'elle est profondément. On recherche ton contact, ta présence, car tu fais partie des *uplifters,* ces personnes qui font grandir, prendre de l'ampleur. Parce que tu as couru ta course et que tu la cours encore, tu deviens un meneur d'allure pour les autres. Tu les amènes vers eux-mêmes et ils t'en remercient.

Qu'est-ce qui m'inspire ? En quoi suis-je inspirant ?

Je suis attentif à la relation humaine

Bonus

L'été, change de mode de fonctionnement !

Parier sur la déconnexion pendant les vacances, se déconnecter pour mieux communiquer… Chiche ? Profite du changement de territoire pour oser le *off* !

Choisir l'excellence relationnelle (écoute, empathie, assertivité, voir page 146) pour les siens et remettre de l'ordre dans ses priorités. Vivre l'instant avec eux. Être présent pour eux et pour soi-même. S'écouter, s'entraîner à la pratique de l'égoïsme bienveillant, comprendre qu'être bien soi-même, c'est faire un cadeau à son entourage. À l'expression « se vider la tête » – un tantinet stressante vus les efforts considérables que nous fournissons pour la remplir ! –, préférer le concept de vagabondage de l'âme et de corps bohémien : courir à l'aube sans chrono et, pourquoi pas, sans baskets, pieds nus sur le sable ; traîner au lit ; faire l'amour après le petit déjeuner, rester à table un peu plus tard et prolonger la conversation ; jouer après le dîner, comme au temps de l'enfance quand les parents autorisaient la sortie dans le jardin après 21 heures. Étirer le temps jusqu'aux étoiles, comprendre que chaque étoile compte et doit briller pour que le ciel entier soit beau et harmonieux. Se sentir citoyen de l'univers, positivement engagé, connecté à ses sœurs et frères d'humanités. Pratiquer la relation avec lenteur. Avec douceur.

Choisir d'écouter l'autre. Le regarder vraiment. Se laisser gagner par l'émerveillement. Accepter de se laisser surprendre par ceux que l'on connaît depuis longtemps. Ne rien prendre pour acquis, jamais.

Regarder nos enfants grandir, changer, évoluer. Se féliciter et se réjouir des résultats d'un travail qui nous (pré)occupe toute l'année. Cesser de s'inquiéter.

Si l'angoisse avait déjà résolu un problème, ça se saurait ! Laisser émerger les émotions provoquées par ceux qu'on aime. Accueillir les leurs, sans crainte ni jugement. Se laisser toucher par eux et pourquoi pas, pleurer si notre cœur déborde. Respirer avec application.

Choisir le mode *offline* parce que finalement, l'essentiel est là, auprès de nous. Créer une bulle. Posé, au calme.

Septembre, le temps de l'organisation

Les deux clés pour réussir ta rentrée : savoir manager son temps, c'est savoir se manager soi-même (*Time management is self-management).*

Nous y voilà. C'est la rentrée. Tu as repris ton souffle, récupéré. Quel est ton niveau d'énergie ? Comment te sens-tu ? Que tu sois adepte d'une trêve estivale totale ou partielle, connecté ou offline, pour réussir ta rentrée, il est nécessaire de te réadapter. Échauffe-toi, puis reprends la course doucement. Recommence à courir. Tout est là.

Comment s'y prendre ?

Bonne idée n° 1 : de quoi as-tu envie ?

Renoue d'abord avec le désir et le bien-être. Quand la peur ou la paresse sont plus fortes que l'envie, prends ton élan pour faire le premier pas. Toutes les courses commencent par un premier pas. Si c'est dans l'action que je retrouve mes sensations et mes repères, ma pensée positive crée le contexte favorable, préalable à mon action. N'hésite pas à monter le son, à abuser des musiques d'été pour créer cette ambiance mentale propice à ton bien-être. Aussi, en étant plus serein, plus il sera facile pour tes enfants de vivre cette étape délicate. Soigne tes premiers contacts, tes premiers rendez-vous, tes premiers appels téléphoniques : ne vise que les gens PO-SI-TIFS ! Tu raccroches, tu te sens mieux après qu'avant.

Bonne idée n° 2 : ta feuille de route

Dessine mentalement ta feuille de route, inscris-toi, pose l'organisation de ton année sur les plans personnel et professionnel, puis écris tes idées page 201.

La rentrée est une étape, le début de ta course qui va de septembre à septembre. Plus tu la prépares, moins tu la subis. Plus tu l'entreprends, plus tu vis ton année comme un projet. Ton futur est un peu mieux dessiné. Tes ambitions sont affichées. Ton calendrier est posé dans sa version n° 1, sans oublier de réserver, comme des rendez-vous incontournables, du temps pour toi et avec ceux que tu aimes.

22 rentrées scolaires en tant que maman ont forgé chez moi une absolue conviction : les deux clés pour réussir sa rentrée et donc, son année sont :

- Écrire sa *Be List,* la liste de ses désirs (avant sa *To do list*) ;
- Poser son organisation personnelle.

Pour aller plus loin

À visionner : www.courirsavie.fr/video-multiplyyourtime, Rory Vaden

Lundi matin

Bonjour, comment vas-tu ? *Comme un lundi matin.* Pauvre lundi matin dont l'angoisse remonte souvent au dimanche soir ! Comment redonner vie et énergie à ces moments ? Redémarrer à 100 km/h, sans échauffement, n'est ni réaliste ni souhaitable. Soigne ton démarrage et échauffe-toi en douceur !

À la maison :

- n'ouvre pas les yeux tout de suite, pense à quelque chose qui te réjouit, dis merci et prend une grande inspiration ;
- réveille ton corps : fais l'amour, pratique quelques exercices physiques (pompes, étirements, équilibre, yoga), bois ;
- médite ;
- écoute un son qui te fait du bien, la voix de quelqu'un qui te donne la pêche, une musique en harmonie avec ton état émotionnel, un podcast, une vidéo inspirante. Bref ouvre ta liste *I Feel Good* (voir page 85) ;
- souris à tes enfants, ton aimé, souris !

En arrivant au travail :

- fais quelque chose de gentil ou d'utile, rends service à quelqu'un, appelle pour t'excuser, pour faire un compliment, pour dire je t'aime ;
- règle une chose qui te tracasse depuis longtemps, traite une réclamation client, prends un rendez-vous difficile, provoque une discussion. Quelle est la chose à faire qui te pollue le plus en ce moment ? C'est par celle-ci que tu devrais commencer. Fier d'avoir eu ce courage, tu te soulageras d'un poids et créeras de la disponibilité pour autre chose ;
- connecte-toi à ta *boîte à rêves* (voir page 134), inscris-toi à un truc qui te fait envie, à un événement totalement improbable, surprends-toi à oser quelque chose d'inhabituel ;
- pose-toi de vraies bonnes questions : quel est le meilleur pas que je puisse faire ensuite ? Si je devais accomplir seulement trois choses aujourd'hui, lesquelles choisirais-je ?

Ma feuille de route

Glossaire

Alterner : Mars et Vénus, pour mieux courir ensemble, pratiquer l'alternance.

Courir : c'est en courant qu'on apprend à courir, pas en restant sur le bord de la course !

Croyance : idée qui perdure et qui a creusé un sillon neuronal dans la tête. Certaines sont vertueuses, d'autres paralysantes. Fais le tri !

Élan : toutes les courses commencent par un premier pas. Et le premier pas, c'est toujours de s'inscrire. S'inscrire et le dire, pour ne pas rester seul avec ses rêves !

Futur : je dessine mon futur par mes pensées présentes et mes désirs.

La vraie bonne idée : proposition, inspiration, qu'on choisit de tester et de conserver si elle nous convient.

La vraie fausse bonne idée : ensemble de pensées et de comportements souvent valorisés, faussement vertueux. Ils sont liés à notre culture, à notre éducation, à une méconnaissance du mode de fonctionnement du cerveau humain.

Loi : règle universelle qui s'applique à tous, tout le temps et qui se vérifie par l'expérience. En comprendre la logique et le fonctionnement permet de l'utiliser délibérément et efficacement.

Passé : mon matériau de construction ; ensemble de data collectées ; ensemble d'expériences positives et négatives que j'ai vécues plus ou moins consciemment et qui sont le résultat de mes choix ou des choix d'autres personnes que moi.

Présent : mon espace de création et de pouvoir. J'apprécie souvent ma vie d'aujourd'hui. Je rêve à ma vie de demain.

Réussir : c'est courir une vie qui nous ressemble, qui nous rassemble, une vie alignée. C'est aider les autres à réussir leurs courses.

Routine : habitude, rite créé consciemment et à dessein ; chaque routine porte en elle une intention qui lui est propre (recréer du lien, apaiser son esprit, se mettre en joie, se préparer à créer, se préparer à échanger) ; créer ses routines vertueuses apaise, conduit au succès à tous les coups, permet de se régénérer.

Se plaindre : participer au concours du plus malchanceux ; chercher à justifier auprès d'autrui un problème ou une difficulté ; porter son attention sur le problème et non sur la solution.

Vertueux : tout ce qui me mène à plus de bien-être, plus de désir et plus de réussite

Vicieux : c'est tout l'inverse ! Ce qui me fait me sentir mal ou mal à l'aise. Quand je me sens nul, moche, petit, insignifiant. Généralement la conséquence des vraies fausses bonnes idées.

Ce que je souhaite partager avec toi

Mes lectures

Khalil Gibran – *Le prophète* (Le Livre de poche, 1996)

Jacques Salomé – *Le courage d'être soi* (Pocket, 2001)

Daniel Goleman – *L'intelligence émotionnelle* (J'ai lu, 2003)

Christopher McDougall – *Born to run (Né pour courir)* (Éditions Guérin, 2012)

Pascal Bruckner – *Le Paradoxe amoureux* (Le Livre de poche, 2011)

Timothy Ferris – *La semaine de 4 heures* (Pearson, 2010)

Maurice Druon – *Tistou les pouces verts* (Larousse, 2017)

Antoine de Saint-Exupéry – *Le petit prince* (Folio Junior,1951)

Mes séries

Altered Carbon

American Horror Story

Billions

Scandal

Orange Is the New Black

Ozark

Sense 8

La Casa de Papel

The Handmaid's Tales

This Is Us

Mes vidéos

www.courirsavie.fr/video-TedXDelphineBuisson

www.courirsavie.fr/video-3bonnesraisons

www.courirsavie.fr/video-smilingcanchangeyourlife

www.courirsavie.fr/video-SteveJob-StayHungry

www.courirsavie.fr/video-TedXEmilieWapnick

www.courirsavie.fr/video-estimedesoi

www.courirsavie.fr/video-everybodyisbeautiful

www.courirsavie.fr/video-reussirchoisir3fois

www.courirsavie.fr/video-LivefullDieempty

www.courirsavie.fr/video-Puisssancedelintention

www.courirsavie.fr/video-Les4SecretsdelaChance

www.courirsavie.fr/video-secretdelalongevite

www.courirsavie.fr/video-lesaccordstolteques

www.courirsavie.fr/video-multiplyyourtime

Mon top des livres, séries, films, podcasts

Épilogue

« Il manque quelque chose à tout.
Rien n'est jamais complet. »

Victor Hugo

Au début tu veux simplement changer.

Quelque chose ou beaucoup, le mouvement est le même. Alors, tu achètes un bouquin, deux bouquins, une bibliothèque entière parfois ! Tu t'abonnes à des magazines. Tu t'inscris dans des groupes, sur les réseaux sociaux ou dans la vie réelle. Tu écoutes des conférences, des podcasts. Pour trouver un fil, une inspiration. Quelque chose qui te parle. Quelqu'un qui t'inspire.

Ensuite, tu te lances. Tu mets en pratique. Tu te risques à pratiquer un peu plus l'audace. Tu acceptes d'expérimenter encore. Tu comprends que chaque jour de vie est une journée d'école, à 10, 20, 30, 40, 50 ans et tous les autres jours du reste de ta vie. Tu ressens de plus en plus la joie profonde de redevenir élève et d'apprendre encore, d'apprendre sans cesse. Ne t'es-tu jamais dit que si tu retournais sur les bancs de l'école, tu serais alors un bien meilleur élève qu'autrefois ? Saisis-tu la chance merveilleuse de pouvoir continuer à regarder ta vie comme un chemin d'apprentissage ? Et que la joie vient autant du cheminement que de la réalisation ?

Et puis tu acceptes aussi tout ce que tu as vécu, sans amertume, sans aigreur d'estomac, sans nœuds au cerveau. Tu as compris que ton vécu est ton matériau de construction, que la seule chose dont on puisse avoir peur est la peur elle-même.

Que la seule erreur que tu pourrais commettre serait celle de vivre une vie à moitié, trop petite ou choisie par quelqu'un d'autre que toi.

Enfin, un beau jour, tu te rends compte que tu n'auras jamais terminé ton œuvre. Auparavant, cette simple idée t'aurait fatigué, quand tu aspirais à être arrivé, à te reposer. Tu ne peux plus désormais imaginer « être arrivé » une fois pour toutes. Tu as compris que le chemin de ton évolution personnelle est infini, que la seule ligne d'arrivée connue, c'est quand tu quitteras cette vie sans savoir ce qui t'attends ensuite.

En attendant ce jour lointain et qui viendra trop vite, tu le sais déjà, tu évolues. Et plus tu évolues, plus tu comprends comment ça fonctionne et moins tu as envie d'arrêter d'évoluer. Une ligne d'arrivée t'entraîne vers une nouvelle ligne de départ et ainsi de suite, sans fin, mais pas sans sens. Voilà toute la différence. Si je t'avais dit cela au début de ce livre, peut-être n'aurais-tu pas eu le courage d'acheter ce livre, d'oser penser à changer de vie.

Et te voici maintenant, métamorphosé pour toujours. Non pas parce que tu as changé, mais parce que tu as changé ta façon de penser et de vivre. Tu as compris comment évoluer, voyager dans ta course. Tu as entrepris la grande aventure : te trouver, devenir toi, entreprendre le voyage à la rencontre de la meilleure version de toi-même, pourtant moins merveilleuse que la version de demain.

« Le projet d'une vie ne peut se résumer à l'ambition de devenir quelqu'un. Devenir soi-même est un projet autrement passionnant. »

Malene Rydahl

À propos de l'auteure

Je pratique l'art de courir sa vie.

Après un divorce, j'ai cherché une méthode, des techniques pour construire une vie différente pour mes enfants et moi.

À cette époque, personne ne pariait sur ma réussite tellement la situation semblait bloquée de toutes parts : financièrement, professionnellement, sentimentalement… Dans ces moments délicats, beaucoup de gens détournent le regard pour ne pas voir, ne pas savoir, éviter d'aider. Cependant, il y a aussi tous ceux qui ont continué à me regarder comme Delphine, simplement : j'étais passé de l'hôtel particulier au deux pièces en rez-de-chaussée, mais j'étais toujours Delphine. Ils étaient là et leur confiance en moi, leur regard bienveillant sans être compatissant, m'a fait un bien immense. Ça a été une excellente occasion de faire le tri dans mon carnet d'adresses. Je savais désormais sur qui je pouvais compter – à commencer par moi-même, car personne n'allait courir ma course à ma place.

Seule aux commandes de ma vie et de ma famille, je me suis enfin posé la vraie bonne question : *qu'est-ce j'ai envie de faire, maintenant ?* Pas qu'est-ce que je *vais* faire (je n'en avais aucune idée !), mais qu'est-ce que j'ai *envie* de faire… C'est très différent !

J'avais peur et en même temps, je n'avais pas d'autre choix que d'avancer et de tracer un chemin vers une vie meilleure, mais pas seulement : j'avais l'ambition de construire pour mes enfants et moi une vie de rêve. Je n'avais aucune idée de la manière dont j'allais m'y prendre et franchement, vu de l'extérieur, c'était pas gagné ! Alors je ne me suis pas attardée sur la question du *Comment*, je me suis mise en mouvement et à rêver ma vie.

De quelle vie avais-je envie pour moi, pour mes enfants ? J'ai réfléchi longtemps à cette question. Ensemble, on a commencé à rêver de voyages, de maison, de succès… On avait déjà plein d'amour et on a construit dessus. J'ai eu une furieuse envie de ne pas attendre pour être heureuse. Intuitivement, je sentais que la joie faisait partie du programme pour réussir. Je voulais me reconstruire professionnellement et être présente pour mes enfants, les aider à se construire ; je voulais une vie de femme amoureuse aussi. Il était donc important, fondamental même, d'être heureux sans attendre, d'apprécier ce que nous avions déjà et de rêver à ce que nous voulions encore. Et puis, je pensais que si mes enfants me voyaient construire une vie géniale, ils sauraient eux aussi se construire une vie géniale. J'ai eu envie de leur proposer un mode d'emploi !

À ce moment-là, j'aurais adoré trouver une méthode qui m'explique comment m'y prendre. J'ai écouté des histoires, rencontré beaucoup de gens, observé ceux dont la vie m'inspirait. J'ai expérimenté, entrepris et appris. Aujourd'hui, je n'aspire pas à « être arrivée » : non, j'aspire à apprendre encore, à entreprendre et à créer, à évoluer à mon rythme, joyeusement. J'ai appris que l'évolution n'est pas une souffrance. L'évolution, c'est le voyage.

Puis, j'ai développé dès juillet 2011 une activité d'audit, de conseil et de formation. Depuis, j'ai toujours fait évoluer mes activités professionnelles avec un fil rouge : inspirer, créer le mouvement, entraîner des hommes, des femmes, des jeunes, à entreprendre et à réussir leurs vies personnelles et professionnelles. Je dirige et anime le 2e groupe français d'entreprises d'expertise-comptable, d'audit et de conseil. Je crée des programmes de transformations digitales et humaines. J'aime capter les tendances, développer des programmes d'acculturation au digital et d'activation du potentiel humain (individuel et collectif), engager à l'expérimentation, apprendre et enseigner. Je l'exerce aujourd'hui de plusieurs façons : j'enseigne l'excellence relationnelle et le design de l'expérience client à ESCP Europe. Je suis *speaker* et coach sur les thèmes du *leadership* de transformation et du *self-leadership* (organisation personnelle et *empowerment*).

Je pratique la course à pied depuis près de 15 ans et je m'aligne régulièrement au départ de courses chronométrées. J'aime avoir des projets, j'ai besoin d'avoir des objectifs. J'adore l'ambiance et l'énergie aussi qu'on trouve sur un parcours. Chaque fois, je rencontre des coureurs, des coureuses avec des personnalités différentes et ça me plaît. Chaque ligne d'arrivée franchie remplit mon réservoir de confiance en moi. C'est important. Je dis souvent que je ne vis pas pour la course à pied, mais que la course à pied m'aide à mieux vivre, autrement dit à être plus performante et plus heureuse. J'en ai fait une vraie méthode pour conduire ma vie et mes projets.

J'aime bien voir le sport comme un moyen de découvrir ses potentiels, de flirter avec de nouveaux essais, de repousser ses limites – on est étonné de voir jusqu'où l'on est capable d'aller ! Et c'est pour cela que j'intègre la course à pied à ma méthode.

Retrouve l'interview complète dans *La Parisienne*.
Retrouve-moi sur : www.delphinebuisson.fr et www.courirsavie.fr.

« L'histoire de l'histoire », 30 juin 2015, conférence TedX Vaugirard Road, Bobino

En 2015, je prépare le briefing d'un super conférencier que je fais intervenir en juillet dans l'un de mes gros événements. En discutant avec Mathieu S., nous nous découvrons des points communs et je me lance un défi : lui dire que moi aussi, je donne quelques conférences et j'aimerais qu'il me donne quelques conseils sur son métier. Mathieu, aussi bien élevé que curieux, me demande sur quels sujets je prends la parole. Je lui parle alors de *Courir sa vie*. Mathieu me parle alors d'un ami qui cherche un dernier *speaker* pour le TedX qu'il organise en juin. C'est dans trois mois !

Mathieu me met en relation avec Stéphane Roger. Je l'appelle depuis un parc où les enfants jouent au soleil. Je suis assise sur l'herbe d'un vert tendre typique du printemps. *Bonjour, je m'appelle Delphine Buisson, c'est Mathieu qui m'envoie vers vous, il paraît que vous cherchez un speaker ?* Stéphane me demande si je connais TED et il commence par m'expliquer l'esprit : *Pourquoi c'est important pour vous de faire un TEDX ? Si c'est pour avoir une exposition, c'est mort… Si c'est parce que vous avez une urgence à transmettre une idée, une vision aux gens et que vous pensez que leur vie sera mieux après, alors on peut commencer à parler. Et à parler de cette urgence chez vous. Ce qui vous donne cette énergie et cette pugnacité.*

L'esprit me plaît. Je lui réponds que je donne des conférences, parce que j'aime partager des idées avec le public, j'aime quand les gens se sentent bien, voire mieux, après avoir passé un moment avec moi. Stéphane m'explique alors le format : rien à voir avec une conférence. Il faudra tout oublier des techniques apprises jusqu'ici.

La durée est 12 minutes, 15 grand maximum en débordement, 18 minutes c'est beaucoup trop. Cela demande non pas de compacter (ça ne marche pas), mais de changer de structure.

Vient enfin le moment de lui parler de mon sujet, *Courir sa vie.*

Le propos est : *to provide something that matters to the audience. And we should not disappoint them. We should embrace their thirst for new ideas and give our best to answer that silent, yet urging, request.*

Nous échangeons plusieurs fois au téléphone. Le temps presse, Stéphane finit par me dire : *J'ai besoin de vous voir pour en avoir le cœur net.* Nous nous rencontrons dans une brasserie et il valide ce jour-là mon intention : il sent que je suis sincère dans mon envie de partage. Il va me coacher. Nous prenons rendez-vous dans son cabinet. Il lui faut normalement 3 mois pour préparer un *speaker*. Nous avons 6 semaines pour faire le travail, suis-je d'accord ? Je dis oui. Et le deuxième acte commence.

Mon sujet n'est toujours pas clair. J'écris, je tourne autour, j'enregistre et je partage avec lui. Stéphane me fait des *feedbacks*. Non, tu n'y es pas. Ça, ce n'est pas du TED. Cherche avec ton ventre. Cherche encore. Il m'encourage à recommencer patiemment. Nous avançons pas à pas, sans certitude de parvenir à un résultat. Je rencontre mes comparses le 2 juin pour une répétition générale. Je me lance sans être prête, un peu terrorisée. Je pleure encore aussi, en racontant l'histoire, comme si la raconter rouvrait des plaies encore fraîches. Je suis de moins en moins convaincue d'y arriver. Pourtant, Stéphane ne laisse pas tomber. Nous travaillons deux séances et à la troisième, il décide de me faire faire le voyage du héros. Stéphane raconte dans son magnifique ouvrage *Qu'avez-vous à dire ?* : « Ce à quoi nous sommes arrivés donne à Delphine plein d'énergie et de mon côté je suis content aussi. Et pourtant, après avoir discuté et travaillé avec elle plusieurs heures étalées sur plusieurs semaines, j'ai vécu dans nos échanges avec elle une profondeur, une intensité particulière que je retrouve quand elle parle (Incarnation), mais il manque un bout quand je ne fais que lire le texte qu'elle a écrit. Et là je me mets au tableau blanc, dessine un cercle et commence à mettre en correspondance les étapes du *talk* et celles du voyage du héros. Et c'est là que je me rends compte qu'il manque la partie 8, l'épreuve. (…) Le but de cette étape est que le héros affronte sa plus grande peur. Et ce qui lui permet de sortir victorieux c'est qu'il a fait un changement profond, parce que c'est cette fois-là qui est la plus difficile en vrai. C'est cette étape – plus que toute autre – qui demande un vrai et profond changement. Alors je pose la question à Delphine, je lui demande de chercher dans sa mémoire ce qui, à un moment, l'a fait basculer, ce qui est de l'ordre de la décision de vie. (...) Elle réfléchit, rien ne lui vient, pas de souvenir particulier ou d'événement marquant... Alors, j'explore le côté émotionnel, lui demandant s'il n'y a pas un moment où émotionnellement justement ça a basculé pour elle, où elle est passé de son ancienne manière de vivre sa vie à une nouvelle, même si elle était effrayante et qu'en même temps il était hors de question de faire un autre choix à ce moment-là et l'ayant fait de revenir en arrière. Le questionnement l'amène à chercher plus des sensations ou des émotions et au bout de presque une minute de silence, je la vois qui pleure, avec dans ses yeux l'intensité qu'ont les moments de vérité. »

Je sens les larmes couler doucement. Seulement, ça n'est plus du chagrin. Ce sont des larmes de soulagement : je viens de comprendre ce qui m'a vraiment fait peur. Je viens de déplacer un point sur le fil de mon histoire pour le mettre à sa juste place. Et quand tout est en place, je pleure de joie. De joie et de reconnaissance aussi pour le cadeau immense que Stéphane vient de me faire. Je me sens alignée, lumineuse. Je ne sais toujours pas si je serai prête pour le 30 juin, mais j'ai déjà tout gagné.

À partir de ce moment-là, tout déroule : mon écriture se cisèle, les enchaînements sont précis, le texte s'allège jusqu'à l'essentiel, comme on réduit un jus en cuisine gastronomique. En parlant à voix haute, je sens l'impact, la puissance du propos, portée par la discipline de l'exercice autant que par mon alignement ressenti.

« Ce moment d'une grande intimité donnait sens à tout son parcours, l'éclairait d'une intensité et d'une sincérité lumineuse. Après plusieurs échanges sur savoir si cela allait à Delphine de partager ceci et si cela m'allait de mettre un tel moment sur scène, cet épisode a été intégré dans le *talk*.

Ce soir-là, la salle a retenu son souffle et couru avec elle. Et si dans les retours qui nous ont été faits très peu de personnes parlent de ce moment charnière, il donne pourtant une intensité autre qui a permis à Delphine d'être ensemble avec elle et ensemble avec le public qui a retenu son *talk* comme un des plus inspirants de la soirée. »

Le 30 juin, je démarre le TED et je sens la salle frémir dès mes premiers mots. En quelques minutes, nous sommes intimes. Stéphane le sent immédiatement et me regarde, une question dans les yeux : *Tant d'énergie, c'est ok pour toi* ? Il court avec moi, comme mes 7 compagnons de scène au premier rang, mon ami Vladimir, qui m'a fait découvrir les TED quelques années auparavant et qui est venu me soutenir, et les 600 personnes dans la salle qui m'accueillent à cœur ouvert. Je prends une inspiration et c'est parti. 15 minutes plus tard, je suis touchée au cœur par le bruit des applaudissements et des émotions partagées. J'ignorais alors que l'on pouvait être intime à 600. Merci. C'est ainsi que l'on conclut un TEDX.

Pour aller plus loin

À visionner : www.courirsavie.fr/video-TedXDelphineBuisson

À lire : *Qu'avez-vous à dire ?*, Stéphane Roger